Comunicación y Periodismo

"Una aproximación a los escenarios juarenses para la redacción de crónicas y semblanzas histórico-fronterizas"

08 de diciembre, 2024

Comunicación y Periodismo

"Una aproximación a los escenarios juarenses para la redacción de crónicas y semblanzas histórico-fronterizas" by

Francisco Javier Luévano de la Rosa
Sandra Angélica Pérez Alarcón
Armando Bolaños Muñoz
Adrián Ventura Lares

Editora: Karen Marisela Mendoza Urenda
Foto de portada: Yazmin Areli Ramírez Cedillo

B Sides Collection
ISBN: 978-1-948150-87-3

Índice

3

Presentación

Realizar la presentación de un libro que ha sido compuesto y estructurado con la participación directa de estudiantes, es algo que me llena de emoción y de agradecimiento hacia los maestros comprometidos con la enseñanza y desarrollo universitario. Esta presentación es la plataforma idónea para extender mi reconocimiento hacia los docentes de la Facultad de Ciencias Políticas y Sociales de la Universidad Autónoma de Chihuahua. Fue en el 2021, cuando el profesor Luévano me habló sobre esta actividad, se tenía la intención de conformar un grupo de Pasantes de Programa Educativo que quisieran sumarse a la tutoría directa de algunos docentes por medio de un proyecto de investigación que culminara con varios productos publicables.

El proyecto estaba orientado a la titulación y al fortalecimiento de los perfiles profesionales de los universitarios, ya que estas actividades conjuntas (docentes-estudiantes) culminaban con la construcción de memorias profesionales, publicaciones sobre estudios regionales, elaboración de tesis, entre otras cosas. La propuesta partía de la selección de temáticas de corte histórico-periodístico debido a que su impacto tendría una incidencia en el análisis del desarrollo económico, la construcción de crónicas fronterizas, los asuntos de corte bilateral y la redacción de documentos y artículos científicos.

Hoy veo con beneplácito, que el proyecto ha dado sus primeros frutos, eslabonando esta actividad con docentes de Chihuahua y con profesores invitados de indiscutible nivel profesional, pero lo que es todavía más gratificante, ¡es la colaboración, el talento y disposición de los universitarios! ¡Gracias por esta oportunidad, profesor Francisco Javier Luévano, y a los autores de este libro!

Lic. Gitzel Lizbeth Morales de la Cruz

Prólogo

Entre las actividades que se pueden disfrutar en nuestra región, indudablemente la visita a sitios históricos continúa ocupando los primeros lugares como una opción turística, pero también estos espacios guían los pasos de investigadores y escritores en la búsqueda de aproximaciones hacia la narrativa fronteriza. Este libro es el esfuerzo de estudiantes y docentes, quienes han considerado el estudio de una ciudad como escenario de espacios propicios para el ejercicio de distintas disciplinas. Son los espacios del centro histórico verdaderos escaparates sociales que otorgan al estudiante las posibilidades de desarrollar su actividad académica y sus aproximaciones hacia la investigación.

Es un verdadero acierto incluir alumnos y egresados de las diferentes disciplinas a fin de lograr trabajos de investigación y actividades conjuntas con el uso y auxilio de herramientas como la entrevista, la fotografía, la encuesta y el trabajo de campo para recopilación de la propia narrativa, en este apartado juega un papel principal el traslado de los estudiantes al corazón histórico de la ciudad. La imponente arquitectura franciscana presente en

el templo de Nuestra Señora de Guadalupe, es un ícono que ha permanecido a lo largo de poco más de tres centurias. Este sencillo templo virreinal otorga identidad y orgullo a la comunidad juarense, y es reconocida como la construcción más antigua que se encuentra de pie en toda la franja fronteriza.

El sobrio edificio ocupa un papel protagónico en la traza urbana y ha sido mudo testigo del desarrollo y transformación del centro histórico, principal espacio donde el bullicio de sus habitantes convierte su plaza en un enjambre humano que contrasta el característico dinamismo laboral y el obligado descanso de quienes visitan o transitan por el lugar. La plaza de armas es el espacio por antonomasia para la búsqueda de historias de vida, narrativas y fotografías. Otros sitios que por tradición forman ya de manera tácita lugares de afluencia propicios para la historia oral, son los establecimientos comerciales que circundan dicha plaza.

Uno de ellos, quizás el más importante, es la cafetería La Nueva Central donde desde 1958 han tenido lugar infinidad de citas, reuniones familiares, visitas de personajes célebres o charlas de políticos y académicos. La Nueva Central se he convertido también, gracias a su mobiliario y ambiente, en un espacio idóneo para las narrativas culturales.

El Café Bombín es perfecto para la fotografía y la historia fronteriza, este lugar fue importante escenario para el Primer Recital en Homenaje al compositor Álvaro Carrillo durante diciembre de 2023 por estudiantes de la carrera en Ciencias de la Comunicación y el Grupo Disciplinar: Gobernanza, Comunicación y Estudios Regionales. Poco después, sirvió para un proyecto de fotografía que proponía un conjunto de imágenes relativas a las décadas de los años veinte y treinta y que pudieran ser de auxilio en un trabajo sobre la Ley Volstead y la historia de las destilerías de whiskey durante la época de prohibición.

El documento incluye algunas imágenes realizadas con la participación de estudiantes de las carreras en Ciencias de la Comunicación y Relaciones Internacionales. La colaboración siempre dispuesta del maestro Mario Meza con su apoyo de cámaras durante este proyecto evidencian el trabajo conjunto entre docentes comprometidos en la formación profesional de los estudiantes. De igual manera, este trabajo no hubiera podido realizarse sin la asesoría del profesor Armando Bolaños, su experimentado enfoque ha sido sello distintivo en las fotografías incluidas en esta obra, la experiencia del profesor ha sido, sin lugar a dudas, aporte fundamental en la construcción de este proyecto. ¡Enhorabuena a todos los participantes!

Karen Marisela Mendoza—Urenda,
Facultad de Ciencias Políticas y Sociales
kmmendoza@uach.mx[1]

Introducción

En los últimos años, la vida profesional de los egresados se vuelve cada vez más difícil e incierta, las ofertas laborales son escasas y muy distantes en lo referente al perfil, pues de acuerdo a las estadísticas, sólo unos cuantos terminan ejerciendo lo que estudiaron. Esta es una problemática que debemos atender de forma apremiante.

---

[1] Es profesora de la Facultad de Ciencias Políticas y Sociales de la Universidad Autónoma de Chihuahua, egresada de esta casa de estudios, Contador Público y con una maestría en Comunicación, doctorante en Administración en Pública, por el instituto Internacional del Derecho y el Estado.

En este trabajo hemos querido presentar cuatro capítulos de corte histórico regional, que puedan ser de utilidad para la construcción de crónicas y narrativas, cápsulas y lecturas de gran aceptación en los medios de difusión digital e impresa. Hemos realizado esta obra con la participación de estudiantes y egresados de la Facultad de Ciencias Políticas y Sociales de las licenciaturas en Ciencias de la Comunicación y Relaciones Internacionales. Entrevistas, fotografías, recolección de datos, fuentes bibliográficas y algunas otras actividades han corrido por parte de ellos.

Se decidió incluir un acervo fotográfico de estos estudiantes como un agradecimiento a su participación, haciendo la aclaración que, aunque aparecen algunas fotografías en las distintas páginas del libro, no siempre corresponden a la temática ofrecida en el capítulo.

La única intención que nos mueve en este proyecto, es sumar esfuerzos entre docentes y estudiantes y otorgar desde nuestras posibilidades como profesores formadores, algunas herramientas que consideramos les pueden ser de gran provecho en su desarrollo profesional. Agradecemos a quienes participaron en este proyecto, gracias por su compromiso y profesionalismo, esperamos que este material sea del agrado de todos ustedes y ojalá que este libro rinda los frutos esperados.

Los autores

Parte 1
La Misión de Guadalupe. Un ícono arquitectónico a través del tiempo

Francisco Javier Luévano-De la Rosa
Facultad de Ciencias Políticas y Sociales
fluevano@uach.mx [2]

La blanca silueta de la Misión de Guadalupe, contrasta con el atardecer de un día apacible, que se ve interrumpido por un potente sonido que con fuerza lastima los oídos de algunos ancianos que se encuentran descansando en los escuetos jardines de la plaza de armas, espacio anárquicamente delimitado por construcciones y callecillas que a través del tiempo, cronistas e historiadores han coincidido en llamar centro histórico; parte por la costumbre, parte porque fue precisamente en este lugar, donde la ciudad tuvo su origen como misión franciscana, hace ya más de tres centurias.

---

[2] Es Profesor-Investigador en la Facultad de Ciencias Políticas y Sociales y Candidato a Doctor en Investigación por El Colegio de Chihuahua. Su propuesta plantea el trabajo conjunto con estudiantes que sean capaces de llevar su formación profesional hacia el quehacer periodístico, la publicación y la incursión en proyectos factibles con el auxilio de herramientas de investigación y prácticas de campo.

La gente que taciturna deambula entre banquetas y aparadores apresura su paso para cruzar la calle Ferrocarril, (hoy Francisco Villa) importante avenida trazada de norte a sur y que en su travesía y hasta nuestros días, divide en dos partes el tramo más antiguo de esta localidad, donde un descuidado edificio, gloria de otros tiempos, (Hotel Río Bravo), alberga un centenar de migrantes provenientes del país de Venezuela. Este grupo de extranjeros, en su peculiar algarabía, observan atentos el correr de la gente, pero al ocuparse en su propia charla, ignoran por instantes la presencia de los pesados vagones que en peculiar rechinido avanzan con firmeza y tranquilidad cual si fueran paquidermos de hierro caminando en fila entre la jungla urbano-fronteriza.

La imponente locomotora con el holograma de Southern Pacific demuestra su fuerza, abriéndose paso ante la multitud que en retadora correría logra atravesar las líneas férreas hasta llegar al espacio donde una antigua máquina, la 701, descansa en un pedestal como pieza que ilustra a la perfección una página del pasado regional, donde la bonanza y el desarrollo eran compartidos con el vecino país del norte.

Imagen 1 "Sensualidad en satín" Diana Acevedo Sánchez, egresada de la licenciatura en Relaciones Internacionales guarda una excelente pose para la posteridad en El Café Bombín atendiendo las indicaciones del asesor Francisco Javier Luévano, mientras la cámara del fotógrafo enfoca los detalles en la composición de la imagen. (Ciudad Juárez, Chihuahua 2023 Foto: Armando Bolaños).

La comunidad que por varios años frecuenta un mercado ambulante donde artículos y variados productos de procedencia extranjera son ofertados a escasos metros de la estatua ecuestre de un caudillo de la insurgencia; justo en las intersecciones de las calles Francisco Villa y Vicente Guerrero, pasan de prisa sin reflexionar siquiera en un pequeño edificio arquitectónico que se esfuerza por sobresalir entre la circulación vehicular que en constante avanzada se aleja sin reparar en el viejo inmueble conocido como la Garita de Metales.

Francisco Javier Luévano sostiene que: *"La presencia de escenarios idóneos para la práctica de talleres sobre fotografía urbana, es una actividad que debe ser retomada por los estudiantes de la licenciatura en Ciencias de la Comunicación, como contribución, promoción y difusión de la identidad fronteriza. Las destilerías y cervecerías han desaparecido de la mancha urbana casi por completo, sin ellas no se puede entender el auge económico en Ciudad Juárez, y sin embargo poco ha importado la conservación de estos inmuebles".*

Durante décadas, el ferrocarril se ha hecho presente en su correría hacia los Estados Unidos sumándose a la monotonía de los fronterizos, pues como lo han mencionado varios autores (Santiago 2002, 27-35) *"El hecho fundamental que benefició a la zona fronteriza de Paso del Norte y El Paso fue sin duda alguna, la llegada del ferrocarril durante la época porfirista. En 1884 llegó a Paso del Norte y, para la década de 1890, esta población se comunicaba con los principales centros urbanos del país; desde entonces se convirtió en importante polo de atracción de trabajadores"*[3]

La revisión histórica, evoca nostálgicos recuerdos que permiten por un instante trasladarse al pasado, no se puede olvidar que el cambio y la modernidad llegaron gracias al tendido de líneas férreas. Las locomotoras alteraron la vida apacible de pequeñas poblaciones fronterizas como la nuestra, pero trajeron un conjunto de beneficios a todos aquellos poblados que se encontraban situados en puntos estratégicos.

---

[3] Guadalupe Santiago Quijada. *Propiedad de la tierra en Ciudad Juárez, 1888 a 1935.* México: Universidad Autónoma de Ciudad Juárez. 2002.

Este medio de transporte acortó las distancias facilitando el traslado de un lugar a otro y fue un medio propicio para la interacción de las distintas esferas sociales. (Florescano 2000, 67). Además, logró una importante fusión con el vecino país del norte, haciendo de la región un enjambre de hilos conductuales para el comercio, la migración, los negocios y la fusión de culturas que en apariencia eran difíciles de conectar por sus condiciones socio-económicas.

A finales del siglo XIX, Ciudad Juárez era un conjunto de construcciones, en su mayoría de adobe y ladrillo circundadas por estrechas y polvorientas calles, en las que sobresalían de forma soberbia contados edificios, orgullo de sus habitantes. Lo que hoy conocemos como el centro histórico, era un semillero de rústicas fincas agrupadas en espacios reducidos que pasaron de ser rudimentarias casas de adobe con techos de carrizo para convertirse en improvisados establecimientos comerciales.

Imagen 2. "Nostálgico pasado". Una estudiante de la licenciatura en Ciencias de la Comunicación, posa para la cámara. El espacio considerado como escenario es el atrio de la Misión de Guadalupe, justo en el lugar donde estuvo el primer cementerio con el que contó la población durante el virreinato.

El atavío de la modelo fue seleccionado por medio de

18

referencias extraídas de revistas de la época, tratando en lo posible que la fotografía pudiera captar la sencillez y coquetería de las adolescentes de aquellos años. (Ciudad Juárez, Chihuahua. 2023 Foto: Armando Bolaños).

Con el tiempo, algunos de estos negocios fueron cambiando de giro de acuerdo a las propias exigencias del mercado, no pocos propietarios decidieron fraccionar sus establecimientos y dedicarse a la renta de sus espacios, dando pie a mercerías, tiendas de abarrotes, carnicerías, cantinas, panaderías y estudios fotográficos. Muchos de estos comercios continuaron en funciones ofreciendo los más variados artículos y servicios, no eran construcciones grandes, sino que obedecían a las añejas edificaciones de las rancherías y pequeños caseríos presentes durante el siglo XVII.

Hay que recordar que el antiguo Paso del Norte, era un pueblo donde los mesones y casas de huéspedes jugaban un papel fundamental, por lo tanto, las casas particulares eran utilizadas para este fin. Las antiguas fincas del centro histórico pasaron a ser, casi en su totalidad establecimientos comerciales y recintos de gobierno. Los cementerios ubicados en estos espacios también desaparecieron o se reubicaron en otros lugares en las afueras del pequeño poblado.

Estos diseños arquitectónicos se extendían desde Zacatecas hasta Santa Fe manteniendo un paisaje rústico acorde a las llanuras desérticas del norte. Actualmente se pueden apreciar algunos ejemplos de estas construcciones, ya que en su gran mayoría fueron derrumbadas para dar pie a edificios de materiales más sólidos y modernas carreteras acordes a los tiempos.

Las fincas que hasta hace algunos años conformaban los barrios más antiguos de la ciudad como Barrio Alto, Bellavista, Chaveña y Cuauhtémoc se convirtieron en los últimos reductos de la arquitectura de tierra, fueron herencia del modelo de habitación más ordinario para el común de los pobladores norteños, quienes se dedicaban en su gran mayoría a la agricultura y al cuidado de cerdos, aves de corral y pequeños rebaños de cabras. Las casas eran de un solo nivel y sencillas en su traza como lo menciona Bakewell en su obra:

La habitación típica de los miembros más pobres de la sociedad, tales como pequeños comerciantes, blancos o mestizos, buscadores de plata y mineros fracasados, era una casa de adobe de una sola planta que tenía una habitación grande (la sala), otra más pequeña (el aposento), la cocina y una bodega. A veces tenía un corral, con un pozo y un local que sirviera de establo. La mayoría de las casas contaban con agua para uso doméstico obtenida de un pozo y de un aljibe, o sea una cisterna de almacenamiento del agua pluvial que se recogía. (p. 77).

Tomando como referente a González de la Vara, el centro, como se le ha llamado de manera común, estaba considerado como la primera zona poblada por españoles desde 1659, al erigirse la Misión de Nuestra Señora de Guadalupe de los Mansos del Paso del Norte, lugar de cruce obligado para internarse a las lejanas misiones de Nuevo México, núcleos poblacionales conformados por españoles, mestizos y nativos adoptaban características muy definidas en su organización y gobierno. La Misión de Guadalupe muy pronto se convirtió en puerto de entrada y salida de mercancías que al principio llegaban en recuas de mulas y carretas.

1.1 Espacios añejos como escenarios para la narrativa histórica y la práctica fotográfica.

Durante el siglo XVII, la región de Paso del Norte comprendía una delimitación territorial que aglutinaba varias rancherías y poblados asentados en las márgenes del Río Bravo o Río Grande. Misiones como: Isleta, Socorro y San Elizario formaron por muchos años, al igual que el Real de San Lorenzo, San José y San Antonio de Senecú asentamientos vecinales conformados por españoles, criollos, mestizos e indios.

Gracias a sus formas de vida y prácticas en común, estos habitantes mantuvieron por décadas un hilo conductor eslabonado por el comercio, la agricultura, la movilidad, las redes familiares y la constante defensa contra los indios bárbaros. Otros asentamientos vecinales, aunque en un periodo más tardío, fueron establecidos junto a los caminos que conectaban norte y centro, subsistiendo gracias al tesón de sus propios pobladores, a las faenas agrícolas y a la minuciosa administración de sus propios recursos.

Imagen 3. "Práctica e interacción" Estudiantes de la licenciatura en Ciencias de la Comunicación y Relaciones Internacionales disfrutan de un descanso mientras se preparan las siguientes tomas en el interior de La Nueva Central. Esta actividad se realizó como proyecto piloto para el "Primer Recital en Homenaje al Compositor Álvaro Carrillo" evento organizado por el Grupo Disciplinar: "Gobernanza, Comunicación y Desarrollo Regional" (Ciudad Juárez, Chihuahua 2023 Foto: Armando Bolaños).

Hablar sobre estos asentamientos, significa remontarnos a varias generaciones cuando mercancías transportadas en caravana y a vuelta de rueda eran traídas desde la metrópoli de la Nueva España. El caso de haciendas y presidios establecidos a lo largo del Camino Real de Tierra Adentro, son los mejores ejemplos del dinamismo y tesón de sus habitantes que con estos asentamientos arrebataban el territorio de los grupos originarios a los que hacían la guerra, buscaban controlar en todos los aspectos e imponían sus formas de vida.

Las actividades comerciales quedaron grabadas en bitácoras de exploradores y visitantes que, sin proponérselo, vinieron a esclarecer en buena parte las labores cotidianas de los antiguos pobladores. En el presente, la actividad fotográfica realizada por alumnos de la carrera en Ciencias de la Comunicación contribuye al archivo documental de estos espacios, guardando testimonio para futuras consultas y proyectos de investigación.

Más adelante, y ya como un país independiente de la Corona Española, otros viajantes continuaron describiendo las costumbres y formas de vida presentes en los habitantes de esta región, tal es el caso de Julius Froebel, alemán que dejó un interesante testimonio sobre el dinamismo comercial en Paso del Norte a mediados del siglo XIX:

En su mercado primitivo se acuclillan las indias ante sus bateas de cebollas, frijoles, chile, frutas frescas y papas, etc. Todo allí es caro, lo cual contrasta extrañamente con la pobreza del lugar. Pero todas las familias siembran lo que consumen, y puesto que puede pasar un día entero sin que ningún viajero o comerciante norteamericano se aparezca por esos lados a comprar media docena de huevos o un melón-que quizá sea todo el haber de una pobre mujer-el valor de su espera lo agrega la vendedora al precio del artículo. Pero bien, eso mismo sucede en casi todo Hispanoamérica.

Con el avance llevado a cabo por expedicionarios españoles durante el virreinato, una característica destacable de esta región fue su ubicación geográfica, pues era paraje de descanso para las caravanas que continuaban hacia el norte, lugares tan distantes como Santa Fe y Nuevo México eran suministrados en sus inicios desde el centro de la Nueva España.

Imagen 4. "La sublime espera" Los establecimientos del centro histórico, como La Nueva Central son espacios idóneos para la construcción de escenarios fotográficos. En esta toma, la modelo luce a plenitud el típico atuendo de los años cincuenta. El juego de colores claros en el fondo otorga un mosaico donde los cuadrados, rectángulos y líneas rectas embellecen la delicada silueta de la modelo logrando un contraste con el escenario. (Ciudad Juárez, Chihuahua 2023 Foto: Armando Bolaños).

Pasada la Independencia, cuando La Corona Española sucumbe ante los insurgentes adoptando el nombre de Estados Unidos Mexicanos, pierde una enorme extensión de su territorio.

Más adelante, durante la guerra contra los Estados Unidos, entre 1846 a 1848 queda establecida una franja fronteriza delimitada en buena parte por el Río Bravo o Río Grande.

Años más tarde, la población se verá favorecida con la llegada del ferrocarril, y con ello, la afluencia de comercios, la diversión nocturna y el contrabando brotarán como la hierba en los estados del norte. Algunos hombres de negocios pudieron presagiar grandes posibilidades de desarrollo y buscaron establecerse en la zona más céntrica, otorgando a la ciudad una vistosa categoría. En muy poco tiempo la bonanza económica se dejó sentir en los habitantes de la región, muchas personas provenientes de distintos lugares hicieron su arribo utilizando el nuevo transporte que el progreso y la buena solvencia les ofrecía.

Además, las ventajas y privilegios de vivir en una zona fronteriza despiertan el deseo por establecerse en una ciudad que en apariencia lo tiene todo (Tuñón Pablos 2000, 120).

Se difundían una serie de inventos que teñían de otro tono la vida: el ferrocarril había influido en la conformación de un nuevo país y en las ciudades existía una mayor comodidad: proliferaban la luz eléctrica, el fonógrafo, el teléfono, el cine, la fotografía, la máquina de escribir. El mundo se mostraba más amable para un sector de la sociedad citadina. El transporte incluía la bicicleta, el tranvía, poco a poco el automóvil. Quizá en los olores urbanos se notaba la disminución de los vehículos de tracción animal.

En efecto, durante la dictadura porfirista, una ola de modernidad cubría el país causando admiración de propios y extraños, la inversión extranjera se pudo percibir con el establecimiento de grandes almacenes, la construcción de fincas de rancia arquitectura europea, fina confitería y repostería italiana, todo tipo de telas inglesas, licores y vinos provenientes de Francia, incluso fragancias y perfumes de París, icónica ciudad que para aquellos años estaba considerada como una de las más decisivas influencias de vanguardia en la imposición de la moda y el estilo de vida de la sociedad aristócrata.

Tuñón Pablos hace referencia al desarrollo que floreció paralelo a la modernización del transporte: "Poco a poco se generaron fábricas y comercios y proliferó la red de ferrocarriles. La mujer encontró escuelas para su formación profesional: [...] Las mujeres, que idealmente debían guardarse y guardar su casa, ampliaron su nivel de participación en el mundo de lo público."

De esta manera, nuevas concepciones en las formas y estilos de vida se hicieron presentes y al tiempo que inversionistas y empresarios se trasladaban a la frontera para multiplicar sus capitales, no pocas mujeres se establecían también, ocupándose en actividades y oficios. Este fue el caso de uno de los negocios familiares más antiguos que aún subsisten en la frontera: Modelo Studio, un céntrico espacio fotográfico que acumula ya varias décadas como establecimiento activo en el centro histórico.

Imagen 5. "La Cita" En esta fotografía se logra captar un conjunto de elementos que embellecen la imagen y otorgan valor al contenido simbólico. La postura de manos como sentido de proyección masculina otorgan seguridad a la escena. El espejo como firme presagio de un doble juego en la personalidad del protagonista masculino. Por el contrario, La luz distribuida en la imagen otorga mayor claridad a la modelo, quien sostiene una mirada serena y sugerente hacia la cámara. (Ciudad Juárez, Chihuahua 2023 Foto:

Armando Bolaños).

El propietario de Modelo Studio, Jorge Romero da cuenta sobre los negocios y transformaciones que ha sufrido el lugar y de igual manera, compagina estos cambios en los establecimientos con las propias transformaciones del centro. Romero manifiesta que el dinamismo comercial ha venido en decadencia, quizás "porque ya a nadie parece importarle lo viejo, lo tradicional, estos lugares van cerrando con rapidez, dejando sus espacios para artículos o mercancías extranjeras sin ningún valor"

1.2 Importancia de las fuentes documentales en la construcción de artículos histórico-periodísticos

Las nubes que desde hace tiempo asoman amenazantes, pasado un instante se entrelazan adoptando variadas y caprichosas formas, un viento suave las arrastra lentamente hasta sombrear por completo la zona del centro histórico que enmarca en tonos grises la lejanía del firmamento. Y así, desde las alturas, las nubes se posicionan como amoratadas guirnaldas que ciñen las esbeltas torres de la catedral, tímidas gotas de lluvia comienzan a caer con el sobresalto característico que provoca en los cuerpos el contacto del agua fresca, y gente venida de todos lados acelera su marcha saltando entre charcas y pequeñas corrientes de agua que, en singular movimiento, serpentean entre las viejas callejuelas. La lluvia se torna cada vez más intensa, a lo lejos se percibe el emblemático edificio del Palacio Municipal que por costumbre toda la gente nombra "La Presidencia Vieja" su fachada de oscuro tezontle y cantera se encuentra humedecido, al igual que los edificios que le circundan.

Muy lejano está el año de 1680 cuando don Antonio de Otermín, gobernador de la provincia de Nuevo México, en compañía de otros habitantes, se establecieron en Paso del Norte (hoy Ciudad Juárez) como consecuencia del levantamiento de los indios pueblo. Así se proyectó el Presidio de Nuestra Señora del Pilar y Glorioso Señor San José de El Paso del Norte, y la llegada

de este mandatario también trajo como beneficio la adecuación del edificio en mención, el trazo de las primeras calles y la delimitación de espacios públicos. Guadalupe Santiago comenta que, fue este personaje quien otorgó un sentido de orden al poblado (Santiago 2004, 32).

Durante la estancia de los nuevos pobladores, Otermín delineó en los alrededores de la Misión las primeras calles y estableció un cuadrilátero; en él convergieron los poderes civiles, eclesiásticos, militares y económicos, siguiendo el patrón de las ciudades coloniales". La traza española obligaba que los edificios civiles y religiosos quedaran asentados en el primer cuadro, incluyendo la plaza de armas, la cárcel, los mesones y los establecimientos comerciales.

Los transeúntes parten de las calles 16 de septiembre y Mariscal bajo una intensa lluvia que presagia las múltiples inundaciones que por años se hacen presentes en el vivir de los fronterizos, algunas personas sacuden brevemente sus ropas, justo donde hace ya más de cien años estuviera el Edificio de Correos, destacado inmueble con fachada de ladrillo y mampostería que se puede contemplar a plenitud en la obra de Miguel Ángel Berúmen (La batalla de Ciudad Juárez /II. Las Imágenes 2005, 220-221).

Imágenes sobre la destrucción de este lugar fueron rescatadas del olvido gracias al objetivo magistral de un fotógrafo que durante la Revolución Mexicana tuvo la iniciativa de realizar varias tomas del sitio, fotografías que a la postre se han convertido en valiosos documentos de información utilizados para mayor comprensión de la historia regional. Una vez derrumbado este edificio, permaneció el solar por varios años, luego se edificó una construcción donde finalmente se colocó un busto a Benito Juárez, preservándose como sitio histórico por estar relacionado con la estancia del mandatario en esta frontera.

A pocos metros del lugar donde se localizaba la oficina de correos los empapados habitantes ya descritos detienen su marcha. La tormenta ofrece una tregua, lo que permite que el tropel despavorido disminuya su andar y por unos minutos haga un recuento de los daños que la lluvia ha provocado. Mientras acomodan en lo posible las mojadas ropas los ojos de los transeúntes, algo curiosos, perciben el cristal de un viejo aparador. Al instante centran la mirada: una antigua cámara

34

fotográfica de pedestal como raro objeto llama la atención.

Imagen 6. "Ilusión juvenil" Una fotografía que otorga movimiento a los modelos, gracias a las curvaturas de la barra, a los discos de mampostería en el techo y a las líneas de las lámparas. Los ángulos de los respaldos en los asientos del lado izquierdo muestran una perfecta secuencia y dan profundidad a la imagen. (Ciudad Juárez, Chihuahua 2023 Foto: Armando Bolaños).

Las antigüedades poseen una extraña atracción, tienen

encanto, un considerable número de personas que, por primera vez, y gracias al capricho pluvial se han permitido observar detenidamente el aparador encontrando una llamativa pieza, ¡La primera cámara fotográfica del establecimiento! Tras el cristal se muestran, además de la cámara, algunas fotografías antiguas enmarcadas en cuadros de fino acabado, los hay de todos los tamaños y texturas.

Se ha presentado un extraño fenómeno, estos objetos de sobrado valor simbólico (Levi 1993, 121) han logrado captar la atención de una docena de personas arrancándoles unos minutos en su monótono deambular. ¡Esta es la magia de la fotografía! Un puñado de personas se encuentran a las puertas del Modelo Studio, un establecimiento que encierra entre sus muros infinidad de historias, rostros, imágenes y recuerdos. Es un sitio donde lo simbólico cobra relevancia y donde parafraseando a Levi: "otorga material de interés para el historiador."

1.3 La entrevista y la investigación

Este apartado final se encuentra centrado en la información obtenida de fuente directa con el uso de entrevistas y charlas que de manera metodológica marcaron un aprendizaje significativo en los estudiantes sumados al proyecto. Se realizaron visitas a campo para grabar entrevistas a que aportaran datos de interés sobre los espacios que se eligieron para recrear las "fotografías de época".

A varios entrevistados se les pudo abordar en cafeterías y restaurantes y pudieron dar testimonio de algunos sitios emblemáticos del centro histórico. Cada uno de estos lugares y sus historias quedan a la espera para que los estudiantes de Ciencias de la Comunicación realicen sus prácticas de aproximación a la narrativa histórica, las crónicas periodísticas y el ensayo como evaluación final de distintas asignaturas.

El principal papel del docente no es impartir una clase y que el alumno apruebe, sino encaminar al universitario hacia la práctica profesional y que sea capaz de aplicar las herramientas más adecuadas para su formación. Gitzel Lizbeth Morales de la

Cruz, egresada de la licenciatura en Ciencias de la Comunicación, fue auxiliar en la aplicación de varias entrevistas.

Imagen 7. "Labor docente" Momentos previos a una entrevista, el profesor Javier Luévano comparte algunas recomendaciones a la estudiante sobre la estructura de las preguntas. Como trabajo académico hubo lectura obligada sobre la teoría de los espacios para esta dinámica. (Ciudad Juárez, Chih., a 23 de octubre de 2021 Fotografía: Armando Bolaños).

FJ- ¿Podrías compartirnos de qué manera te sumaste a este proyecto?

GL- ¡Claro que sí! Bueno, yo estaba buscando las formas de titulación y me contacté con la coordinación de Ciencias de la Comunicación, ahí me dijeron que un maestro estaba haciendo trabajo para su tesis doctoral y que necesitaba alumnos para realizar visitas a campo, eso llamó mi atención porque tengo un gusto por el periodismo de investigación, fue así como terminé incluida en el proyecto.

FJ- ¿En qué consistía el trabajo o la actividad que tenías que realizar?

GL- Bueno, básicamente se me informó la necesidad de tomar un curso o taller sobre historia oral, historias de vida, fotografía, entrevista y redacción. Recuerdo que todo eso se impartió en el taller de fotografía de la propia universidad. Mi trabajo consistía en hacer entrevistas, tomar fotografías y realizar apuntes sobre el centro histórico, los comerciantes y la gente que transitaba por el lugar a distintas horas del día.

FJ- ¿Qué sucedió después de que tomaste toda esa capacitación?

GL- Una proyección, un documental en el audiovisual sobre el centro histórico, su importancia, algunos sitios de interés, varias historias sobre personajes y acontecimientos. Se me comentó sobre la intención de sumarme al proyecto, pero no quería empezar de cero. El grupo disciplinar se encargó de toda esta parte, yo los acompañé en varias entrevistas, por ejemplo, una que hicimos sobre la historia de los estudios fotográficos al esposo de la maestra Alma Yolanda Morales Corral, fue de las últimas entrevistas que hicimos.

FJ- ¿Ya habías hecho esto antes?

GL- Lo había hecho, pero no de una manera tan profesional, porque en este proyecto hicimos un guion y una estructura de trabajo. Todavía conservo mi libreta de apuntes con sus recomendaciones. ¡Registrábamos todo! La puntualidad de los entrevistados, su estado de ánimo, el ambiente, la voz, las gesticulaciones, su vestimenta, sus manos...

FJ- En este ejercicio, ¿existe algo que te haya dejado algún aprendizaje?

40

GL- ¡Todo! Lo que pasa es que cada sesión estaba llena de recomendaciones, de estrategias para que las cosas salieran mejor. Recuerdo que usted me decía hasta de qué manera debía ir vestida para realizar las entrevistas, cómo hablar y que mis preguntas fueran claras, entendibles, el cómo debía proceder para regresar al entrevistado al tema de interés y que no se perdiera en la charla, el checar el equipo antes de salir a campo, las pilas de la grabadora, la cámara, la libreta, todo eso.

FJ- ¿Recuerdas alguna visita a campo que te haya dejado una enseñanza o algo positivo?

GL- Definitivamente, cuando vinieron las chicas y el doctor Javier Bernabé de la Universidad Complutense de Madrid, los anduvimos llevando a sitios históricos y emblemáticos como la Casa de Adobe, las Dunas de Samalayuca, El Puente Negro (risas), pero ya hablando en serio, el conversar con ellas me dio la oportunidad de conocer nuevas percepciones sobre la frontera, sobre las fuentes informativas, sobre la migración y sobre el quehacer de los docentes, eso me gustó mucho.

FJ- ¿Recomendarías este tipo de dinámicas para los estudiantes?

GL- ¡Siempre! Mire, en esta actividad yo aprendí mucho, me relacione con muchas personas, usted me dio la oportunidad de asomarme un poquito a su círculo de amigos, al campo docente, a sus actividades del doctorado, a libros que yo en mi vida imaginaba que existieran, muchos autores utilizados en todas las universidades, eso fue para mí muy gratificante. El ver el centro histórico y los espacios comerciales desde otra óptica, con otro enfoque superior a la simple vista.

FJ- ¿Tienes alguna recomendación o consejo para los estudiantes que se inician en estas actividades?

GL- Pues que disfruten del aprendizaje, que se acerquen a los maestros más activos como el caso suyo, que traten de aprender rápido y que no les de pena preguntar. Recuerdo muy bien cuando usted me decía que también aprendía mucho con los estudiantes y que quería que nos fuera muy bien en nuestra vida profesional, nos decía que, si llevábamos más herramientas al campo laboral, sería mucho más probable que nos contrataran y que haríamos además un buen papel.

FJ- ¿Alguna anécdota que quieras compartir?

GL- Recuerdo muchas, las comidas que teníamos, los cafecitos (risas) y que en cada entrevista me recomendaba libros y películas (risas), siempre me platicaba las historias de todo, le agradezco porque nunca tuve a un maestro como usted. Recuerdo una vez que llegué un poquito tarde a una entrevista en el Café Veracruzano para entrevistar a don Gil y usted me dijo: ¿Por qué llega tarde cabroncita? (risas) Yo le dije: ¡Profe! (risas) Y nos soltamos riendo los dos y de inmediato nos pusimos a trabajar sobre la estructura del proyecto. Ahí me di cuenta que usted era muy auténtico, muy diferente a otros maestros y que solamente a quienes lograban su confianza les daba ese trato. Recuerdo también que a inicios del proyecto me quedé sin computadora y no tenía recursos para comprarme una, entonces en la siguiente entrevista usted llegó con una Laptop y me dijo: ¡Úsela, es suya!

FJ- Finalmente, ¿quisieras compartirnos sobre tu experiencia en tus visitas a campo?

GL- Fue una experiencia que me dejó muchas satisfacciones, pude conocer a estudiantes de otro país, conocer sobre la forma en que ellas viven su formación universitaria, el apoyo que les otorgan las instituciones para trasladarse a otros países, su conexión con investigadores que las suman a sus proyectos y la búsqueda de recursos. Me impactó que cada una manejaba su cámara fotográfica a la perfección y que se apoyaban en todo. Creo que eso nos falta aquí en la facultad, dejar los protagonismos, los egos y las posturas, eso solamente nos atrasa y nos deja en evidencia frente a otras universidades. Yo tuve la fortuna de acompañar a estas estudiantes a Villa Ahumada y Samalayuca, en todo momento hacían apuntes, tomaban fotos, preguntaban de todo y disfrutaban lo que hacían. Las dudas que les surgían se las preguntaban al doctor Bernabé y si él no sabía la respuesta consultaba con usted, así, sin egos, sin poses de catedrático, creo que en eso todavía fallamos, pero estas actividades elevan nuestra experiencia profesional.

FJ- ¿Cuál es tu opinión sobre este tipo de actividades?

GL- Pues estoy muy orgullosa de saber que yo colaboré en este proyecto profesor, y además que se les dio la oportunidad a otros alumnos de Relaciones Internacionales, son personas que pude ver durante mi carrera, pero nunca me acerqué a ellas, este espacio me dio la oportunidad de conocerlas e interactuar con ellas.

En estos espacios se ha llevado a cabo la recolección de datos (entrevista y fotografía) por parte de estudiantes de la Facultad de Ciencias Políticas y Sociales. Una de las principales propuestas consistió en otorgar al profesionista en formación una orientación que le capacite en la redacción y búsqueda sobre temas de interés para la comunidad y para el campo disciplinar.

Imagen 8. "Estampa del ayer". Un estudiante espera impaciente en la banca de un parque, acorde a las fotografías de antaño. En la frontera era común la presencia de fotógrafos ambulantes que captaban el momento preciso para registrar acontecimientos de interés, haciendo de cada espacio un perfecto estudio fotográfico. (Ciudad Juárez, Chihuahua 2023 Foto: Armando Bolaños).

Bibliografía Bakewell, Peter John. Minería y sociedad en el

México colonial. Zacatecas (1546-1700). México: Fondo de Cultura Económica, 2004.

Berúmen, Miguel Ángel. 1911 La batalla de Ciudad Juárez/ II. Las imágenes. México: Cuadro por Cuadro, 2003.

De Lachaga, José María. La misión de nuestra señora de Guadalupe del Paso del Norte en Ciudad Juárez, Chihuahua. México: Librería Parroquial APDO. 1991.

Florescano, Enrique, García Martínez, Bernardo y Menegus, Margarita. Regiones y paisajes de la geografía mexicana. Historia General de México. México: El Colegio de México. 2000.

González de la Vara, Martín. Breve historia de Ciudad Juárez y su región. México: El Colegio de México. 2006

Levi, Giovanni. Sobre Microhistoria en (Formas de hacer historia, España: Editorial Alianza, Madrid. 1993.

Tuñón Pablos, Julia. Mujeres en México, una historia olvidada.

México: Planeta. 2000.

Santiago Quijada, Guadalupe. Propiedad de la tierra en Ciudad Juárez, 1888 a 1935. México: Universidad Autónoma de Ciudad Juárez. 2002.

Santiago Quijada, Guadalupe y Miguel Ángel Berúmen. La Misión de Guadalupe. México: Cuadro por Cuadro, 2004.

Vargas Valdés, Jesús. Viajantes por Chihuahua (1846-1853). México: Gobierno del Estado de Chihuahua, 2003. "Siete años de viaje en Centroamérica, norte de México y lejano oeste de Estados Unidos (1852)", crónicas del alemán Julius Froebel en Viajantes por Chihuahua (1846-1853), 2003.

Parte 2 El centro histórico. Los espacios

48

fronterizos en el imaginario colectivo

Sandra Angélica Pérez-Alarcón
Facultad de Ciencias Políticas y Sociales
sperez@uach.mx [4]

De acuerdo a la entrevista realizada a la licenciada Diana Lizeth Acevedo Sánchez, la elaboración de este apartado se encuentra cimentada en la revisión bibliográfica y archivística sobre algunos conflictos acaecidos en la franja fronteriza durante el siglo XIX.

Al escrutar documentos sobre asuntos de índole internacional, el trabajo se convierte también en una propuesta para abordar temáticas acordes al perfil de estudiantes y egresados de la licenciatura en Relaciones Internacionales. Como dato primario, se aborda la delimitación territorial comprendida a lo largo del Río Bravo, su afluente histórico y la conformación de espacios vecinales asentados en ambas márgenes de la

---

[4] Profesora tiempo completo, de la Facultad de Ciencias Políticas y Sociales, es licenciada en Administración de Empresa, con maestría en Comunicación y candidata a doctor en Administración Pública por el Instituto Internacional del Derecho y el Estado.

siempre serpenteante plétora.

Una vez trazadas las fronteras para ambos asentamientos fronterizos, se presentaron algunos conflictos en torno al territorio y sus beneficios, entre estos, las extensas salinas tan codiciadas durante esa época. El abastecimiento y recolección de este compuesto, así como el establecimiento de nuevas fronteras, originó que a finales de 1877 tuviera a lugar una contienda denominada: "La guerra de la sal." Algunos años antes, durante la firma del Tratado de Guadalupe-Hidalgo de 1846-1848, se habían establecido los límites territoriales entre ambos países, utilizando como referente el Río Bravo, sin embargo, el control migratorio de los habitantes en la franja fronteriza, vendría años después.

Los últimos estudios sobre la actividad económica, social y cultural en el norte de México y sur de los Estados Unidos de Norteamérica se encuentran sujetos a revisiones y enfoques multidisciplinares que agregan información complementaria o decisiva para el planteamiento de nuevos paradigmas en la enseñanza de la historia y el quehacer académico.

Imagen 9. "El Recital y la tierna presencia" La imagen muestra a una modelo posando su mano sobre el piano, único elemento en la composición y, sin embargo, objeto suficiente para transmitir el encanto y belleza de una fotografía de estudio, como aquellas que engalanaban las salas y bibliotecas de no pocas familias juarenses. (Ciudad Juárez, Chihuahua 2023 Foto: Armando Bolaños).

El estudio de toda región lleva inmersa la necesidad de

investigar sus antecedentes históricos. El Norte de México y el Sur de EE.UU. son el espacio que Tomás Martínez Saldaña y colaboradores se han dado a la tarea de describir, analizar e investigar, para mostrar en qué forma los hechos históricos han transformado la región, desde la conquista hasta hoy. En un viaje por ciudades y pueblos cuyo origen se remonta a la época virreinal, en el territorio en que hoy se encuentran los estados de México, Querétaro, Aguascalientes, Guanajuato, Jalisco, San Luis Potosí, Zacatecas, Durango, Chihuahua, y en el territorio Estadounidense de Santa Fe en Nuevo México; el Camino Real de Tierra Adentro se convierte en partícipe activo y relevante de la construcción del México moderno. Fue una ruta comercial que unió a la ciudad de México con Santa Fe; de tal forma que su extensión corresponde con el final de Mesoamérica y el territorio que fue habitado por las culturas árido americanas a lo largo de unos dos mil quinientos kilómetros de longitud entre los años de 1590 a 1850.

La aportación central del libro, también busca mostrar cómo los procesos históricos generan transformaciones en paisajes y prácticas sociales y culturales. Se trata de un estudio que en sus fuentes bibliográficas expone y se remonta a más de

500 años en el pasado. El trabajo expone una intensa y amplia descripción de la región en diversos aspectos, que van desde lo antropológico y cultural, lo económico y lo comercial, pero en donde también se describe la presencia de los paisajes y sus ecosistemas.

El papel jugado por los estudiantes se hace con la finalidad de posicionarlos en la realidad de una profesión que, por lo general se encuentra cimentada en un vasto trabajo de campo. El apoyo de herramientas tan elementales como la fotografía, la entrevista, la observación participante, obliga la visita a ciertos espacios de interacción y afluencia. El centro histórico se convierte en primera opción de esta fase.

Imagen 10. "Armonía de sutil esencia" Momentos de emoción fueron enmarcados buscando en los estudiantes ese ángulo que exteriorizara su personalidad. La imagen corresponde al "Primer Recital en Homenaje al Compositor Álvaro Carrillo" evento organizado por el Grupo Disciplinar: "Gobernanza, Comunicación y Desarrollo Regional", evento con el que dio inicio el proyecto. (Ciudad Juárez, Chihuahua 2023 Foto: Armando Bolaños).

Los autores inician su narrativa describiendo las rutas que conectaban a las sociedades mesoamericanas con las tribus indias del Norte de EE.UU., como los apaches y chichimecas, que tenían formas de vida generalmente nómadas. En aquellos años el comercio conectaba a las comunidades a través del intercambio de productos como la turquesa, la obsidiana, la sal y las plumas, de tal forma que para el año 1000 d.C. el comercio se extendió desde Mesoamérica hasta las montañas Rocallosas. Para entonces existía un complicado sistema de caminos que conectaba el Pacifico con el Golfo de México, y el sur con el norte. Posteriormente los autores presentan una descripción precisa sobre la forma en que la conquista influyó en el territorio analizado. Luego de dominar Tenochtitlán, una serie de expediciones llevaron a los conquistadores a buscar nuevas riquezas y recursos que serían enviadas a la Corona Española, por lo que, a su paso, se fue conformando una vía que fungió no solo como ruta comercial y de tránsito de mercancías y recursos, también fue una ruta bélica y de colonización espiritual.

Las expediciones y migraciones, unas veces violentas, otras pacíficas, propiciaron la creación de nuevos centros urbanos que fueron habitados por españoles, mestizos e indígenas. Los autores logran, a través de su narrativa, sensibilizar al lector sobre las condiciones de vida que se dieron en este periodo a lo largo de la ruta que se transformó en un "Camino Real". Los "Caminos Reales" fueron aquellos que permitieron conectar a la Nueva España con el resto del territorio conquistado, sirviendo como vías de transporte y de comunicación que favorecieron las transformaciones culturales.

Cuatro de ellos partían de la antigua Tenochtitlán hacia Veracruz, Acapulco, Guatemala y Santa Fe. Todos estos caminos -debido a su continuo tránsito- se vieron en la necesidad de ser custodiados para asegurar la protección de los viajeros y comerciantes. El rey de España Felipe II envió instrucciones al virrey de México para que éste encontrara una persona capaz de pacificar y de colonizar Nuevo México.

En 1595 fue oficialmente otorgado a don Juan de Oñate el derecho a conquistar Nuevo México. Oñate, quien era el heredero de una familia pudiente y un experimentado soldado, confiaba en descubrir nuevas riquezas y disfrutar de un brillante futuro como gobernador. En la primavera de 1598 Oñate pudo, finalmente, poner en marcha su caravana, encabezando el camino con 129 hombres-muchos de los cuales llevaban consigo a su familia y sirvientes-un pequeño grupo de frailes franciscanos, 84 carretas con carga pesada y rebaños de ganado-ovejas, cabras, ganado vacuno y caballos.

2.1 Los paisajes regionales como escenarios para las prácticas profesionales

Se entiende por práctica profesional toda actividad realizada por el estudiante con auxilio y asesoría de uno o varios docentes, ya sea en alguna dependencia o en proyectos de la misma universidad o emanados de algún proyecto realizado por un Profesor-Investigador y que incida en temáticas propias de interés.

Imagen 11. "Bello contraste" Durante la sesión fotográfica en El Café Bombín se hizo una sesión informativa para los estudiantes que participaron con las personificaciones ambientadas en la Ciudad Juárez de los años veinte. Época de gran dinamismo económico. ¡El resultado fue excelente! (Ciudad Juárez, Chihuahua 2023 Foto: Armando Bolaños).

En el caso concreto del trabajo de Diana Acevedo, se adapta en su temática a los estudios sobre Relaciones Internacionales, los orígenes sobre las condiciones de frontera y las características geográficas de la región. Abriendo una nueva ruta explorada por Vicente de Zaldívar, sobrino de Oñate, la expedición avanzó penosamente hacia el norte a través del Desierto de Chihuahua. En cierto lugar cuando los expedicionarios se morían de sed fueron salvados providencialmente por una lluvia torrencial "tan fuerte que se formaron grandes charcos y más de siete mil cabezas de ganado y yeguas de todas clases pudieron beber".

Finalmente, los extenuados viajeros llegaron a la orilla del Río Grande y el 30 de abril Oñate tomó posesión formal de Nuevo México con las siguientes palabras: Reclamo estas tierras sin limitaciones, incluyendo las montañas, los ríos, valles, médanos, pastizales y aguas…pueblos, ciudades, villas, castillos…en nombre del Rey.

Pasando por las angosturas cercanas al Pueblo de San Felipe, el gobernador Oñate llegó al Pueblo de Santo Domingo y el 7 de julio sostuvo un consejo con los indios provenientes de las cercanías. En el transcurso de una ceremonia, que los indios posiblemente tuvieron dificultades para entender, los líderes nativos juraron lealtad a la Corona Española y a la Iglesia.

Más tarde Gaspar de Villagrá, uno de los miembros de la expedición de Oñate, escribiría un poema sobre esta conquista. Cuando Oñate y sus hombres incursionaron en las villas de los Indios Pueblo, algunos indígenas huyeron al percatarse de su aproximación mientras que otros mostraron una amistad cautelosa. En la comunidad de casas de adobe de Teypama, el jefe de la misma agasajó a los hambrientos expedicionarios con abundante maíz. Oñate nombró al lugar cristianamente como Socorro para agradecer la ayuda recibida. Para el 11 de julio el gobernador y sus compañeros habían llegado al pueblo donde se hablaba Tewa y al que llamaron Pueblo de San Juan.

Aquí Oñate estableció su cuartel militar y la capital de su grandiosamente proclamado Reino de Nuevo México. Poco tiempo después, Oñate mudó a sus colonizadores a la orilla oeste del Río Grande y formalmente fundó la primera municipalidad al oeste del Mississippi, la Villa de San Gabriel. Dicha población permaneció como la frontera oficial del vasto Camino Real. En 1610 se estableció en Santa Fe la nueva capital y su plaza se convirtió en el final del Camino Real.

Para entonces Juan de Oñate había renunciado como gobernador de Nuevo México y retornado a Zacatecas. Oñate dejó atrás una ruta bien definida como monumento a su espíritu de pionero, y merece ser recordado en la historia como el "Padre del Camino Real". La porción norte del Camino Real de Tierra Adentro atraviesa por uno de los territorios más desolados y escabrosos del oeste de América del Norte, una región de vegetación muy escasa, manantiales ocasionales y raramente arroyos perennes, de extremosidades climáticas, precipitaciones erráticas, fuertes vientos, baja tasa de humedad e intensa radiación solar. Varios factores ambientales como el terreno, el agua y la vegetación jugaron un papel decisivo en la ruta hacia el norte.

La intensidad de tráfico, la localización de los parajes y

la forma de transporte. Matorrales de cresota, acacia de cuerno blanco, caramillo, mezquite y en algunos sitios yuca y agave dominaban el paisaje. Grama y otros pastos proporcionaban forraje para el ganado. En la proximidad de Socorro los viajeros entraban a la fresca sombra del bosque formado por una cubierta de abundantes álamos del valle y una capa más baja de sauces y césped (salt grass) que enmarcaban las orillas del Río Grande. El bosque proporcionaba la leña para el fuego y refugio y el río era una fuente confiable de provisión de agua. Frailes franciscanos acompañaron a los primeros exploradores españoles en su viaje a Nuevo México. Una vez establecido el gobierno, se asignaban sacerdotes para servir en cada uno de los pueblos.

Imagen 12. "Fina estampa" Estudiantes de Ciencias de la Comunicación recrean una cita utilizando como fondo un espacio de La Nueva Central, la distancia que se guarda entre ambas personas era una observación atendida en los espacios públicos por las jóvenes parejas de aquellas épocas. (Ciudad Juárez, Chihuahua 2023 Foto: Armando Bolaños).

Pronto, éstos ponían a los nativos a trabajar en la construcción de iglesias, cuyas airosas dimensiones reflejaban sus altas ambiciones. Los frailes introdujeron nuevas herramientas-martillos, mazos, cuñas, cinceles, serruchos y nuevas técnicas de construcción. Una de estas nuevas e importantes tecnologías era la herrería de forja-cuando se edificaban las forjas, los indígenas recibían instrucción en los usos de las tenazas, las almádenas, las prensas de tornillo, escofinas, limas y punzones.

Así mismo, los frailes trajeron consigo suntuosos muebles para las iglesias que estaban construyendo magníficas vestimentas sacerdotales como casullas, amitos, albas e instrumentos eclesiásticos como cálices, pinturas y estatuas. No fue la fuerza de las armas sino la música la que probó ser el medio más persuasivo para apaciguar y convertir a los indios del Nuevo Mundo al catolicismo y la forma de gobierno española.

Los frailes les enseñaron canto llano, como parte integral de la primera liturgia misionera de Nuevo México y los

64

músicos fueron instruidos para tocar bajos, tambores militares, trompetas y violines. Para 1630, ya existía un órgano portátil en la iglesia de Senecú. Ninguno de estos instrumentos sobrevivió a la Revuelta de los Indios Pueblo en 1680.

2.2 Narrativa histórica y consulta de fuentes primarias

En vista de que en este distante reino se encontraron muy pocos recursos explotables, fue necesario sostener los esfuerzos misioneros de los franciscanos por medio de un subsidio real. A partir de 1609, cada tres o cuatro años una caravana oficial viajaba de la ciudad de México, al norte, para reabastecer las misiones y sostener la economía de esta remota provincia. En la práctica, esta caravana proveyó mucho más que un mero servicio de reabastecimiento ya que era una liga vital, aunque tenue, entre la civilización del corazón de México y ese distante puesto de avanzada del imperio, Nuevo México.

Los primitivos pobladores históricamente conocidos de estas tierras se agrupaban en conjuntos tribales, grupos separados que vagaban por estas tierras desérticas en busca de aguajes para calmar su sed y se dedicaban a la caza para apaciguar su hambre. Levantaban sus campamentos, encorvados en los barrancos junto a los arroyos o cerca de las rocas. Los indios Sumas, Mansos, Jumanos y otras tribus menores, que habitaron por estas cercanías, eran agricultores-recolectores, que arrojaban sus semillas en las fértiles tierras que se extendían a lo largo de la rivera del Río Bravo y en ellas encontraban también alimento, protección y agua.

Podemos decir que estas pequeñas tribus vivían bajo el influjo de la "cultura del desierto". Hacían frente a los elementos naturales con arquitectura muy elemental. Sus herramientas de labranza y sus armas para la caza, eran muy rudimentarias, las fabricaban de piedra, por lo mismo, su agricultura era raquítica y la caza de animales que lograban era limitada.

Imagen 13. "Orgullo de ser UACH" Alumnos participantes en el proyecto posan para la cámara en compañía del profesor Francisco Javier Luévano en el restaurant La Nueva Central. (Ciudad Juárez, Chihuahua 2023 Foto: Armando Bolaños).

Comían sus escasas provisiones junto al calor de las hogueras, que atizaban con ramas de mezquite. En el fuego asaban la carne y cocían los frutos de la tierra; y estas circunstancias intervenían para que su cultura fuera limitada y muy rudimentaria.

Al fundarse la Misión de Guadalupe, el 8 de diciembre de 1659, quedaba dentro de la Provincia de la Nueva Vizcaya, ya que comprendía en ese tiempo la porción sur de Coahuila y los hoy Estados de Durango, Chihuahua, Sonora y Sinaloa. Era Rey de España Felipe IV, era Virrey de Nueva España y Duque de Albuquerque, era Gobernador de la Provincia de Nuevo México D. Manuel López de Mendizábal. Fray García de San Francisco después de haber trabajado 12 años en la Misión de Nuestra Señora de Guadalupe de los Mansos del Passo del Norte, volvió a morir a su Misión de San Antonio de Senecú de Nuevo México, el 24 de enero de 1671.

La Misión de San Antonio de Senecú del Norte no duró muchos años después de la muerte de Fray García de San Francisco, pues en agosto de 1680 una gruesa partida de apaches sorprendió a los habitantes de la Misión, sin que tuvieran tiempo de defenderse, y mataron a gran número de hombres, mujeres y niños, y entre ellos a su Misionero Fray Alonso Gil Dávila. Este pueblo con su iglesia fue destruido.

Los pocos Indios Piros que escaparon se fueron con don Antonio de Otermín para fundar después con ellos San Antonio de Senecú del Sur. La Misión de Nuestra Señora de Guadalupe desde el principio fue dotada de tierras para sus primitivos pobladores. El desenvolvimiento de la Misión de Guadalupe fue lento y poco notorio; pero el año de 1680, por la sublevación de los indios de Nuevo México, debido a la concentración de la población la Misión tuvo un auge notorio.

Un dato digno de notar, es que, el año de 1828, el Río Bravo tuvo una gran crecida y sus aguas turbulentas destruyeron el templo de la Misión de Senecú, el que estaba donde ahora está Azcárate en El Paso, Texas, y quedaron muy dañadas las Iglesias de San Lorenzo, Ysleta, Socorro y San Elizario. San Lorenzo no era propiamente una misión, sino que en cuanto era atendido por los Franciscanos del Paso, fue una colonia de los españoles que vinieron de Nuevo México en 1680.

Esta colonia española se estableció al lado del Cuartel General que puso el Gobernador Otermín, llamado San Lorenzo (viejo) y duró menos de cuatro años hasta la fundación del Presidio del Paso en 1684. Cuando el Gobernador Cruzate fundó el Presidio de San José del Paso en 1683-1684, mandó también que se trasladara allí los colonos para que no quedaran alejados de toda defensa contra los rebeldes Sumas, los colonos se resistían por haber formado ya sus propiedades en tan ricas tierras, pero el gobernador los obligó prometiéndoles ayudarlos con madera para la construcción de sus casas y darles buenas tierras de riego, a legua y media del Fuerte con el nombre de Realito de San Lorenzo. A fines de diciembre de 1684 ya se había verificado el traslado. En 1682, la población que entonces estaba en la Misión del Paso se distribuyó según lo acordado entre Otermín y el padre Ayeta: en la Misión de Guadalupe quedaron los indios Mansos y unos pocos españoles.

La mayor parte de los españoles pasaron a fundar San Lorenzo, que estaba a unos dos kilómetros del actual San Lorenzo: con indios Piros y Tompiros se fundó Senecú del Sur: con los indios Tiguas que vinieron con Otermín se fundó Ysleta: con indios Piros y Jemez se fundó Socorro del Sur.

Imagen 14. "Momentos de amistad" Estudiantes disfrutan de un delicioso café mientras comparten sus experiencias respecto a la actividad realizada. En este tipo de acciones se pretende también fomentar la amistad y el apoyo entre los universitarios para un mejor desarrollo profesionales. (Ciudad Juárez, Chihuahua 2023 Foto: Armando Bolaños).

2.3 Datos relevantes sobre los lugares de afluencia turística

San Elizario, fue otro de los lugares que por largo tiempo fue atendido por los Padres Franciscanos de la Misión de Paso del Norte. San Elizario tuvo su origen cuando en 1774, el Gobierno Virreinal pensó en trasladar el Presidio de

Huejuquilla (hoy Ciudad Jiménez, Chih.) y fundar el Presidio de San Elizario, este proyecto se realizó de hecho el 14 de febrero de 1780.

El año de 1828, el Río Bravo tuvo una gran crecida y sus aguas turbulentas destruyeron el templo de la   Misión de Senecú, el que estaba, donde ahora está Azcárate en El Paso, Texas. Al año siguiente, en 1829, nuevamente hubo otra gran crecida del Río Bravo, y las iglesias de San Lorenzo, Ysleta, Socorro y San Elizario quedaron inservibles. El templo de Senecú, Texas ya no fue reconstruido, en el lugar donde estaba, cercano al Río Bravo, en su antiguo cauce. Por eso, pensaron los padres franciscanos construir una nueva Misión de San Antonio de Senecú, en lo que actualmente es el Partido Senecú, D.B., y así se hizo.

La iglesia se construyó con rapidez de tal manera que en 1829 ya había sido puesta en función. Esta afirmación está avalada por una placa que existe en el Templo actual de Senecú. Cuando terminó la guerra entre México y Estados Unidos, y se firmaron los Tratados de Guadalupe Hidalgo el 2 de febrero de

1848, por el cual se fijaron los límites de la frontera norte, no se les dio importancia a estos tres pueblos, que estaban en la ribera Oeste del Río Grande: Ysleta, Socorro y San Elizario: pero al año siguiente, precisamente, el día 12 de enero de 1849 el Río Grande en una gran creciente cambió el curso del río y debido a esa gran avenida del río los pueblos de Ysleta, Socorro y San Elizario, quedaron en la ribera Este del Río Grande. Por eso para fijar la línea definitiva de nuestra frontera Norte, se hizo un Convenio entre México y Estados Unidos de hacer un plano topográfico por Comisionados Mexicanos y de Estados Unidos. Por estas negociaciones diplomáticas, se precisó el curso del Río y así los poblados de Ysleta, Socorro y San Elizario quedaron definitivamente del lado americano.

Sobre el cura Ramón Ortiz y su presencia en Paso del Norte. Este personaje histórico nació en Santa Fe el 28 de enero de 1814 en Nuevo México, fue el menor de once hijos del matrimonio formado por el alférez real Antonio Ortiz y María Teresa Mier. Su familia fue descendiente de los primeros colonos españoles que llegaron al norte para colonizar los territorios que posteriormente formarían parte de la Nueva España. Su niñez y adolescencia transcurrieron en épocas donde

73

el dominio de la Corona Española llegaba a su fin y México obtenía su independencia.

A los 18 años fue enviado por su familia a Durango donde estudió teología con el obispo José Antonio Laureano de Zubiría y quien, tras ordenarlo sacerdote, en 1836 lo envió a la parroquia de Nuestra Señora de Guadalupe, en Paso del Norte. En 1848, antes de terminar la guerra de México contra Estados Unidos, se postula para diputado federal y desde ese cargo votó en contra del Tratado de Paz de Guadalupe Hidalgo e hizo ver a los legisladores de entonces el grave daño que ocasionaban a la población fronteriza y, principalmente, a la nación con la firma de ese acuerdo. "Perdidas las fértiles riberas, los montes, las salinas y todos los terrenos, en fin, que habitantes de Paso del Norte poseen en la parte izquierda del Río Bravo...habrán desaparecido todos los elementos con que contaban para subsistir... trasladarán su residencia a la otra margen del río, pues pasando éste sin dejar a la población ni sus ejidos por el lado Este, tendrán que ocurrir a un país extranjero aún para la leña, carbón de consumo y la empalizada para llevar agua al centro de la villa...tal sería el conflicto en que se pondría a un distrito de 15,000 habitantes."

Después de una vida dinámica y productiva en las fronteras,

74

finalmente, en Paso del Norte, ya renombrado como Ciudad Juárez, murió de cáncer el 11 de marzo de 1896 y fue sepultado en el panteón ubicado en la misión de San José, a donde fue llevado acompañado por miles de personas procedentes de la región quienes de esa forma le rindieron un homenaje.

Imagen 15. "El detalle" Una pareja de estudiantes disfruta del recital y posa en uno de los espacios de El Café Bombín. Es gratificante para los docentes, saber que los jóvenes tienen conocimiento sobre música y artistas de antaño, tal es el caso de América Vargas, alumna de Ciencias de la Comunicación que ya ha debutado de forma profesional en el campo de la interpretación. (Ciudad Juárez, Chihuahua 2023 Foto: Armando Bolaños).

Con el paso del tiempo ese panteón ha ido desapareciendo, pero su tumba junto con la lápida que la identifica, aún se encuentran en la actualidad. El cura Ramón Ortiz, fue testigo prácticamente de todos los hechos históricos que llevaron a transformar Paso del Norte: vivió de pequeño el proceso de la Independencia de México de España, fue testigo de los anhelos separatistas de los texanos que años después desatarían la guerra de Estados Unidos en contra de los mexicanos. Estaba en la misión de Guadalupe cuando Benito Juárez llegó a buscar refugio en la frontera y fue testigo de la llegada del ferrocarril a esta ciudad y el nombramiento de Paso del Norte como Ciudad Juárez.

Un personaje de gran interés en la historia regional fue el cura Severo Borrajo y su llamado "conflicto de la sal." Fue un sacerdote católico, párroco de San Elizario, Texas que pronunció uno de sus sermones habituales, y ahí se le vino encima uno más de los muchos problemas a los que ya estaba acostumbrado. Un informe del a la sazón Jefe Político y Comandante Militar del Distrito Bravos, Sebastián Lerdo de Tejada, y dirigido al Ministerio de Relaciones Exteriores y Gobernación del gobierno de Benito Juárez, notificaba que "El

77

extranjero Antonio Borrajo, que se titula sacerdote católico", había sido expulsado de México, "con prohibición de volver a territorio de la república".

El motivo de la expulsión, según el documento de Lerdo de Tejada, era que el padre Borrajo había atacado al gobierno mexicano por autorizar la tolerancia religiosa, y excitar a los feligreses a la desobediencia civil. Algunos años después de su deportación de México, se convertiría en uno de los protagonistas principales de la llamada "Guerra de la Sal", en San Elizario. Este incidente terminó en forma sangrienta en 1878, y en él murieron quince personas, entre norteamericanos y mexicanos, con una relativa victoria de éstos, aunque dio lugar a una serie de saqueos y abusos en diversas poblaciones del Valle, por parte de un grupo de improvisados "Rangers" texanos.

Se hallaba Borrajo por esas fechas, inmerso en la llamada "Guerra de la Sal", que consistía en el enfrentamiento de dos bandos: uno encabezado por el juez Charles W. Howard y el otro, por el senador Louis Cardiss al lado de quien se encontraba el sacerdote. Howard pretendía adueñarse de los yacimientos de sal, hasta entonces explotados libremente por los mexicanos, razón por la que asesinó a tiros al defensor de estos. Cardiss, en una tienda en El Paso, y fue linchado por los mexicanos. De acuerdo a las crónicas, se afirma que los mexicanos fueron alentados por el cura Severo Borrajo. La tumba de este sacerdote se encuentra en Ciudad Juárez a la espera de que algún estudiante universitario, periodista o investigador se adentre a la biografía de Borrajo y exponga los elementos que otorgan interés a la comunicación y las relaciones internacionales.

Bibliografía

Bakewell, P.J. Minería y sociedad en el México colonial Zacatecas (1546-1700). México: Fondo de Cultura Económica. 1971.

Cervantes Delgado, Guillermo. La villa de Jiménez, pueblo chihuahuense, pueblo mexicano. USA.: Borderland Studies Publishing House. 2009.

De Lachaga, José María. La misión de nuestra señora de Guadalupe del Paso del Norte en Ciudad Juárez, Chihuahua. México: Librería Parroquial APDO. 1991.

Enríquez Merino, Carlos F. Historia del templo de San Lorenzo y misiones aledañas. México: Editorial Camino. 1983.

Enríquez Merino, Carlos F. Apuntes para la historia de la diócesis de Ciudad Juárez. México: Talleres de Imprenta Lux. 1983.

Escobar, José Urbano. Siete viajeros y unas apostillas. México: Publicaciones Culturales del Ayuntamiento de Ciudad Juárez. 1997.

García, José Manuel. Don Rómulo Escobar: Artículos y Ensayos 1896-1946. México: Editorial Revolvente. 2005.

González de la Vara, Martín. El comercio en los indios barbaros en Nuevo México XVIII. México: Redalyc.2002.

Jordán, Fernando. Crónica de un país bárbaro. México: Centro Librero La Prensa. 1981. Páginas 125-202.

Martínez Félix D. Apuntes para la historia de la iglesia en Villa Ahumada. México: Editorial Camino. 1986.

Moorhead, Max León. El Presidio. México: Gobierno del Estado de Chihuahua. 2004.

Moncada Maya, José Omar. La línea de presidios septentrionales en el siglo XVIII novohispano. Un antecedente de la frontera mexicana. México: Universidad Nacional Autónoma de Mexico. 2014.

Orozco, Víctor. Ciudad Juárez. La nombradía varia. Desde sus orígenes hasta la actualidad. Tomo I. México: Milenio. 2013.

Orozco, Víctor. Ciudad Juárez. La nombradía varia. Desde sus orígenes hasta la actualidad. Tomo II. México: Milenio. 2013.

Pérez López, David. Los años vividos. Ciudad Juárez: Crónicas Pendientes. México: Editorial Revolvente. 2005.

Pérez Martínez, M. Sofía. El presidio de Janos. Un archivo histórico. Políticas de Guerra y paz. México: Centro INAH Chihuahua.2006.

Powell, Philip W. La guerra chichimeca (1550-1600) México: Fondo de Cultura Económica. 1977.

Simón Arnal, Luis. Asentamientos, vivienda y otros hechos que se deben conocer de los apaches de los siglos XVIII y XIX. México: Universidad Nacional Autónoma de México. 2015.

Salcedo Zaragoza, Mariano. Los otros personajes chihuahuenses. México: Congreso del Estado de Chihuahua. 2007.

Vargas Valdés, Jesús. Chihuahua. Horizontes de su historia y su cultura. Tomo I. México: Milenio. 2013.

Vargas Valdés, Jesús. Chihuahua. Horizontes de su historia y su cultura. Tomo II. México: Milenio. 2013.

Weber, David J. La frontera de México, 1821-1846. El sudoeste norteamericano en su época mexicana. México: Fondo de Cultura Económica. 2005.

Parte 3 La Nueva Central. Herencia y tradición en la gastronomía de Ciudad Juárez

Adrián Ventura Lares
Facultad de Ciencias Políticas y Sociales
aventura@uach.mx [5]

Hablar de La Nueva Central es hablar de la presencia de migrantes orientales que por varias décadas han sido punto referencial para el comercio en la frontera. Reconocido como uno de los principales apellidos entre los locatarios del centro histórico, el señor Francisco Yepo se ha caracterizado por una certera visión en lo que ha negocios se refiere. La Nueva Central se ha convertido en un espacio de tradición para la comunidad fronteriza, solo mencionar el lugar es transportarnos a casi setenta años de actividad, cuando su padre arribó a Ciudad Juárez desde puerto sonorense con la intención de mitigar el hambre y la soledad producto de la guerra que se vivía en las lejanas tierras orientales.

---

[5] Profesor Tiempo Completo, de la Facultad de Ciencias Políticas y Sociales de la Universidad Autónoma de Chihuahua, es licenciado en Ciencias de la Comunicación, maestro en Comunicación, actualmente coordinador académico en la Extensión Chihuahua.

Remontándonos a la historia, podemos mencionar que mucho antes de que las principales plazas comerciales abrieran franquicias para establecimientos que ofrecieran café en variadas presentaciones, la gente se reunía para degustar en los numerosos locales chinos que desde finales de los años veinte pasaron a convertirse en sitios de visita obligados, debido a su excelente atención y su bajo precio. El caso de nuestra ciudad no fue la excepción, lugares como El Oriental, El Republicano, El Hong Kong, y otros tantos que han quedado en el olvido con el paso del tiempo, otorgaron a la fisonomía de la zona centro una peculiar estampa, mezcla de buen gusto y aire cosmopolita. La presencia de la comunidad china en la historia de México ha dejado huella. Esta comunidad ha sido quien, a través del tiempo, con sus contribuciones y apoyos en pro del desarrollo empresarial y la transformación fronteriza se mantiene vigente como generadora de empleos y servicios, esto muy a pesar de los lamentables episodios en los que han sido discriminados por una sociedad plagada de estereotipos y percepciones erróneas.

Imagen 16. "Una ventana al pasado" El fondo de La Nueva Central sirve como un marco perfecto para ambientar la apertura al público en 1958. (Ciudad Juárez, Chihuahua 2023 Foto: Armando Bolaños).

Sin embargo, llegaron a este continente y buscaron la manera de sobrevivir, de amalgamarse a una tierra hostil, extraña y completamente adversa. Heller establece que los seres humanos nacen en un mundo que no eligen, que está "ya construido", tiene una historia, lenguajes, tradiciones, prácticas culturales, es decir, "sistemas de usos". Para poder sobrevivir, cada ser humano debe aprender a utilizar sus propios "sistemas". Así, un "particular" es siempre una persona cultural e históricamente ubicada con unos límites y unas posibilidades más o menos definibles que, en términos de una media, ha conseguido "dominar" sus propios "sistemas de usos"[6].

Durante el siglo XVI los galeones de Manila (La Nao de China) surcaban las aguas del Pacífico enlazando con la Nueva España las principales rutas marítimas comerciales procurando con dichas acciones la creación de intercambios culturales y de productos innovadores que de este modo eslabonaron a las civilizaciones de todo el mundo. Tanto la Nueva España como las Filipinas eran, a mediados del siglo XVI, colonias de la

---

[6] Márquez Pulido, Ulises Bernardino. *La sociología de la vida cotidiana de Ágnes Heller: importancia y vigencia para los estudios sociales contemporáneos*. España: Papers 2021, article en prensa, 2021. P. 9

Corona española y mantenían una vasta actividad comercial con los orientales, por esta razón cuando llegaba la Nao de China al puerto de Acapulco los habitantes se conglomeraban deseosos de admirar los novedosos productos que estos traían.

Datos históricos registran barrios chinos ya bien entrado el siglo XVII, por tal razón en algunas ciudades de la Nueva España, oficios como las panaderías, las carnicerías, las barberías y las tiendas de abarrotes se convirtieron en las actividades por excelencia para los orientales durante varios siglos. Una revisión a las fotografías y postales que se imprimieron como atractivos a principios de siglo pasado registran buena cantidad de establecimientos circundantes a la plaza de armas y la Misión de Guadalupe ostentando carteles y rótulos con nombres orientales para el local o el nombre de sus propietarios: Wong, Lee, Young, Ji, entre otros son solamente una muestra de la gran pujanza comercial que los orientales otorgaron a esta frontera. Junto con esta presencia laboral también los espacios jugaron un papel determinante en la construcción histórico-cultural y vinieron a ser importantes centros para la cotidianidad, respecto a este tema, Uribe Fernández hace una acertada referencia en su obra: *El espacio constituye un lugar como conjunto toponímico y topográfico, que es dotado de sentido por los seres humanos, y al mismo tiempo les otorga sentido, por ser en la vida cotidiana, el escenario de las prácticas sociales de múltiples significados.* [7]

La llegada del ferrocarril facilitó la distribución de productos variados, inventos como el telégrafo, la cámara fotográfica y el teléfono se hicieron presentes, Ricardo León agrega que: *De 1885 a 1905 se hizo posible la llegada, enriquecimiento, consolidación y decadencia de mucha gente por Paso del Norte. De un día para otro fue posible introducir a la villa gran cantidad de mercancías de cualquier parte del mundo, con poco o nulo impuesto, se abrieron decenas de comercios, llegaron inmigrantes de todo el país y del extranjero* [8].

---

[7] Uribe Fernández, Mary Luz. La vida cotidiana como espacio de construcción social. Venezuela: Procesos Históricos, 2014. P. 102.

[8] León García, Ricardo. Chihuahua: Un acceso de modernidad. Algo de su vida económica entre 1880 y 1920. México: Universidad Autónoma de Ciudad Juárez. 2021. Pp. 53 y 54

[8] Burke, Peter. ¿Qué es la historia cultural? España: Polity Press Ltd, 2004. El término «cultura» es todavía más problemático que el término «popular». Como observaba Burckhardt en 1882, historia cultural es un «concepto vago». [...] El término «cultura» solía referirse a las artes y las ciencias. Luego se usó para describir los equivalentes populares de las artes y las ciencias: música popular, medicina popular, etc. En la última generación la palabra ha pasado a referirse a un vasto repertorio de objetos (imágenes, herramientas, casas, etc.) y prácticas (conversación, lectura, juego). P.44-45.

A principios del siglo XX, una vez finalizado el tendido de vías férreas, una buena cantidad de trabajadores chinos quedaron sin empleo, pues quienes se encontraban en California (San Francisco y Los Ángeles), emigraron a las ciudades fronterizas del norte de México, sumando además elementos a la cultura. Estados como Baja California, Sinaloa, Sonora, Coahuila, Chihuahua, Tamaulipas y Nuevo León fueron los principales sitios que registraron la presencia y dinamismo de esta comunidad.

3.1 El origen de una tradición en México

Imagen 17. "Paseo dominical" El frontispicio de la Misión de Guadalupe sirve como fondo a esta bella fotografía. Los colores formados por la fachada juegan a espaldas de la modelo un fino detalle en grises que hacen de la composición fotográfica la captación de un momento único. (Ciudad Juárez, Chihuahua 2023 Foto: Armando Bolaños).

De acuerdo a la información proporcionada por Xu Shicheng nos comparte que:

"Mexicali se fundó el 14 de marzo de 1903 con la llegada de 500 campesinos, y al año siguiente contaba con unos 10 000 habitantes. En 1905, Harry Chandler, editor de Los Ángeles Times y dirigente del sindicato Colorado River Land Company, importó un número considerable de trabajadores chinos conocidos como coolies. Pocos años después, se habían establecido en el lugar unas 30 organizaciones de chinos. En 1919, Mexicali tenía una población de unos 10 000 habitantes, de los cuales unos 9 000 eran chinos. Los chinos establecieron allí granjas, tiendas, constituyendo la principal parte de la sociedad de Mexicali y sus alrededores. La lengua china era lengua común, y los recibos escritos en chino servían de cheques. Había en Mexicali teatros, casa de té, residencias, restaurants al estilo chino, Mexicali parecía una ciudad china, los chinos en México le llamaban como "Pequeña Cantón".[9]

---

[9] Xu Shicheng. Los chinos a lo largo de la historia de México. Instituto de América Latina, Asociación China de Estudios Latinoamericanos.

Durante la Revolución Mexicana se sucedieron incidentes con la comunidad china que culminaron en saqueos, robos, intimidaciones y matanzas. Estados como Chihuahua, Coahuila y Sonora se vieron envueltos en ataques en los que fue necesario contar con el auxilio de las relaciones diplomáticas.

A principios de los años veinte arribaron al puerto de Tampico una oleada de chinos para auxiliar en la construcción del tendido ferroviario, pero con el ascenso del general Lázaro Cárdenas a la presidencia de la república en 1936 la llegada de inmigrantes se incrementó y para 1943 existían en el país 12,500 chinos mismos que se hacinaron en las colonias más céntricas y populares de la ciudad de México.

La historia oral, como herramienta en la investigación ha proporcionado valiosa información que es analizada en la búsqueda de esclarecimiento de las comunidades migrantes. Fraser agrega lo siguiente: "La historia oral es de por sí interdisciplinaria: hemos ido aprendiendo de la antropología, de la psicología, de la sociología, y últimamente de las nuevas tendencias de la teoría literaria. Así, en su propia praxis, la historia oral puede servir para romper las barreras bastante artificiales de las disciplinas académicas." [10]

Una vez establecidos en los barrios más populares del centro histórico y en algunas otras ciudades al norte del país pudieron dedicarse de lleno a la minería y la agricultura, pero cambiaron de giro al ramo comercial. La venta de ropa y calzado, la sastrería, la lavandería y la oferta de productos alimenticios les dieron finalmente una estabilidad y control en los negocios, sobre todo en los gastronómicos, así surgieron los cafés de chinos, en un ambiente que ellos mismos tornaron laboral y a la vez cotidiano. De acuerdo a lo que enuncia Ágnes Heller en su obra sobre la vida y la cotidianidad menciona que:

La vida cotidiana es la vida de todo hombre. La vive cada cual, sin excepción alguna, cualquiera que sea el lugar que le asigne la división del trabajo intelectual y físico. Nadie consigue identificarse con su actividad humana-especifica hasta el punto de poder desprenderse enteramente de la cotidianidad.

---

[10] 4 Fraser, Ronald. La Historia Oral como historia desde abajo. México: AYER 12*1993. P. 90

La vida cotidiana es la vida del hombre entero, o sea el hombre participa en la vida cotidiana con todos los aspectos de su individualidad, de su personalidad.[11]

Imagen 18. "Enseñanza y diversión" Alumnos de Ciencias de la Comunicación y Relaciones Internacionales en conjunto con el Grupo Disciplinar "Gobernanza, Comunicación y Desarrollo Regional" sumados a la propuesta de incentivar la actividad comercial y desarrollo en el centro histórico. (Ciudad Juárez, Chihuahua 2023 Foto: Armando Bolaños).

---

[11] Heller, Ágnes. Historia y vida cotidiana aportación a la sociología socialista. México: Grijalbo, 1985. P. 39

3.2 La Nueva Central. Los cafés de chinos y sus espacios

Esta antigua cafetería de dimensiones regulares y engalanada por mesas típicas de la década de los cincuenta y unas barras en redondel, donde animosas meseras interactúan con la clientela que visita el lugar diariamente, han convertido el lugar en centro de reunión cuando se busca una charla amena y el sabor auténtico de una taza de buen café.

Los platillos fluyen con velocidad entre los estrechos pasillos, mientras que adustos encargados dan el visto bueno al desempeño de los empleados. La Nueva Central, es de los pocos establecimientos que quedan en la ciudad con el origen de los viejos cafés de chinos y desde hace varias décadas se convirtió en un lugar de reunión familiar que conserva la nostalgia de los antiguos cafés y modestas fondas que surgieron por todo el país a partir de los años treinta.

Fue abierto al público en 1958 y desde su fundación, el establecimiento fue llamativo por su añejo sabor, su sencillo mobiliario y su agradable aroma.[12] Este establecimiento tiene la peculiaridad de encontrarse en el corazón del centro histórico. El entrar y salir de los clientes que durante buena parte del día visitan el establecimiento han hecho de este lugar sitio de convivencia diaria, pudiera decirse que el lugar es uno de los más visitados. Jorge González expone que en la historia de familia debemos intentar reconstruir (mediante testimonios, comentarios, referencias, etc.) las lógicas de la vida familiar. Esto solo se logra cuando nos concentramos en la narración de cada una de las familias de la red parental.[13]

Entre los principales elementos para la construcción de esta investigación se ha considerado el indagar todo lo relativo a la operación, mantenimiento y función del establecimiento pues con la información emanada de la recopilación de datos se elaboran estrategias de comunicación organizacional que

---

[12] Vergara Durán, Ricardo Adrián. Centros Históricos: El Patrimonio como herramienta del Desarrollo Social. Colombia: Memorias. Revista Digital de Historia y Arqueología desde el Caribe, 2009. Igualmente, el análisis espacial como conocimiento desde las ciencias sociales para el acercamiento a contextos espaciales y socioculturales determinados, cobra gran importancia, pues desde la geografía humana y desde la geografía urbana y regional cada vez más se resalta el papel preponderante que juega el apego al territorio y las potencialidades que éste brinda o las debilidades que presenta para el desarrollo de un grupo social determinado.P.7
[13] González, Jorge A. Y todo queda entre familia. Estrategias, objeto y método para historias de familias. México: Estudios sobre las Culturas Contemporáneas, 1995. P. 149

incluso son de beneficio para la construcción de sitios de interés para el patrimonio histórico de la frontera.[14] Una característica presente en La Nueva Central ha sido afrontar los cambios y ajustarse a los nuevos tiempos.

---

[14] Vergara Durán, Ricardo Adrián. Centros Históricos: El Patrimonio como herramienta del Desarrollo Social. Colombia: Memorias. Revista Digital de Historia y Arqueología desde el Caribe, 2009. P. 5. "El patrimonio cultural se define como el conjunto de bienes y manifestaciones culturales materiales e inmateriales, que se encuentran en permanente construcción sobre el territorio transformado por las comunidades. Dichos bienes y manifestaciones se constituyen en valores estimables que conforman sentidos y lazos de pertenencia, identidad y memoria para un grupo o colectivo humano".

Imagen 19. "Composición nocturna" Estudiante y docente entregados en sus respectivos papeles. El lugar de la locación es el interior de El Café Bombín. Sombras espectrales aparecen en el espejo y el muro otorgando una carga maléfica que sugiere una doble vida en los personajes. (Ciudad Juárez, Chihuahua 2023 Foto: Armando Bolaños).

Para asombro de muchos, el negocio ha seguido su curso con éxito y como un acierto en la propuesta de Wright Harold, se realizan detalles similares al sitio original en los nuevos establecimientos. El lugar aparece con regularidad en semblanzas periodísticas y comerciales. [15] Con el paso de los años, se ha ido convirtiendo en algo más que un establecimiento para la venta de café, y se ha transformado en escenario fronterizo, pues como acertadamente sostiene Vergara Durán:

"Como la mayoría de las ciudades han ido descubriendo la conexión entre el patrimonio y el desarrollo económico y social,

"después de haber sido una carga, el centro se transformó en recurso. Las plazas y las calles peatonales se convirtieron en lugares acogedores y los edificios vueltos a pintar aportan el decorado necesario para los comercios y los servicios. El barrio vuelve a ser atractivo para los habitantes del resto de la ciudad, para los visitantes nacionales y, por supuesto, para los turistas" [16]

---

[15] Wright, Harold. L. La guía de los pequeños negocios. México: Mc Graw-Hill, 1993. P. 135

[16] 0 Vergara Durán, Ricardo Adrián. Centros Históricos: El Patrimonio como herramienta del Desarrollo Social. Colombia: Memorias. Revista Digital de Historia y Arqueología desde el Caribe, 2009. (Collin, 2008, 34). P.12

Retomando a Uribe Fernández, "La vida cotidiana también se concibe a través de sistemas simbólicos, cuyos efectos en nuestro comportamiento no son directos, porque depende de la concepción del género, los procesos religiosos y los sistemas morales, que son parte de la cultura, con significados que remiten a diferentes modos de vida" Sin lugar a dudas una de las actividades más importantes que tiene la administración de capital humano es la integración, como acertadamente lo sostiene Münch, pues es el primer paso para garantizar la eficiencia del personal. [17]

La misma autora agrega que la integración es fundamental ya que implica el reclutamiento, selección e introducción del capital humano adecuado a las necesidades de la empresa, esta función comprende la elección de las fuentes de recursos humanos que cumplan con los requisitos exigidos por la organización, la utilización de los medios más efectivos para atraer candidatos en un número suficiente y la selección de

---

[17] 2 Uribe Fernández, Mary Luz. La vida cotidiana como espacio de construcción social. Venezuela: Procesos Históricos, 2014. P. 104.

personal. [18]

Nada de esto fue sencillo para su propietario quien decidió poner manos a la obra, reestructurar la planta de personal era casi comenzar desde los cimientos. Para consolidar el negocio había que activar el compromiso con los empleados, pues la clientela era escasa, muy esporádica y esto mantenía en una zozobra constante a sus empleados.

Para lograr un compromiso con el negocio, era preciso hacerles ver lo noble del oficio, lo significativo del lugar y la identidad y nostalgia del mismo, lo que realmente cuenta: la historia, la tradición y lo sublime del producto. Martínez de Velasco comparte que "cualquier organización, por pequeña que sea, posee una estructura organizacional la cual está constituida por los "patrones de relaciones y obligaciones formales, las políticas de operación, los procedimientos de trabajo, etc." [19]

---

[18] Münch, Lourdes. Administración de capital humano. México: Editorial Trillas, 2005. P. 37

[19] Martínez de Velasco, Alberto y Abraham Nosnik. Comunicación organizacional práctica. México: Editorial Trillas, 2008. P. 17

Prosigue Martínez Velasco: "Las reuniones que se celebran con el personal constituyen una de las formas más eficaces de comunicación ascendente. De ellas, el personal se siente más libre y genera información espontanea de mucho interés para la empresa. Si bien el objetivo final de este tipo de reuniones es la convivencia y la motivación, la comunicación ascendente es un subproducto muy importante de ellas"[20] Cuando la clientela tiene una buena imagen del negocio, se debe estar consciente de que esto es solamente el resultado de acciones que se están realizando correctamente, y de un conjunto de acertadas estrategias. Mucho antes de la pandemia, aproximadamente principios del año 2000 una noticia se divulgó en distintos medios masivos de información, el consumo del café en China, los grandes periódicos tomaron esta noticia como un verdadero fenómeno debido a que la ingesta de café por todo el mundo fue posicionándose como uno de los principales atractivos del ciudadano cosmopolita haciendo de este consumo una práctica habitual y cotidiana donde los procesos de occidentalización y la moda de las cafeterías Starbucks llevaron a un incremento en el consumo de esta

---

[20] Martínez de Velasco, Alberto y Abraham Nosnik. Comunicación organizacional práctica. México: Editorial Trillas, 2008. P. 6

bebida originaria de Oriente Medio. Durante las múltiples entrevistas realizadas se tuvo oportunidad de escuchar datos interesantes sobre la historia de los cafés en México: "A principios del siglo XIX, después de que fueron despedidos como jornaleros y constructores de líneas ferroviarias, realizaban trabajos informales como lavanderos y dependientes de espacios comerciales en la rama abarrotera y la carnicería y poco a poco fueron adentrándose al trabajo de cocina." [21]

Con el tiempo sumaron a la gastronomía de guisos agridulces tomando como ingredientes frutas, hortalizas y chiles, hicieron de uso común los fideos, y los caldos de pollo, cocinaron frutas como la jícama y la piña, frutas que en América por lo general se come directamente y sin ningún proceso. De acuerdo a fuentes consultadas, se calcula que fueron más de siete mil migrantes que llegaron a Norteamérica desde mediados de 1800, pero ante la oleada provocada -primero por la decadencia de la monarquía de aquel país, luego por la

---

[21] Los chinos fueron los principales trabajadores en las líneas de ferrocarril en Yucatán, Sonora y Baja California, estado donde se encuentran algunos de los mejores restaurantes chinos del país, pero también llegaron a Tampico y Veracruz a trabajar en los puertos. Ciudades fronterizas como Tijuana, Mexicali y Ciudad Juárez fueron decisivas para el desarrollo de esta comunidad oriental

Revolución China a inicios de 1900 y finalmente por la persecución desatada por Mao Tse Tung y su Revolución Cultural- los estadounidenses cerraron sus fronteras, de esta forma los chinos decidieron establecerse en nuestro país. La convivencia con la cultura fronteriza y norteamericana dio origen a una tradición de varias décadas, pues los orientales otorgaron un sello personal a sus cafeterías.

El aroma y elaboración de buen café acompañado de pan y comida sazonada contrastaba con el café endulzado con piloncillo, canela y cáscara de naranja. Los chinos inventaron una infusión espesa, un concentrado del café que va más allá del expreso: beberlo solo resulta una experiencia amarga, por ello se acompaña siempre con leche y licor.

El señor Francisco Yepo, propietario de La Nueva Central menciona que "Cada visita al café de chinos era atendida por la experiencia de una mesera oriental que con pericia y amabilidad tomaba la orden de los comensales, esa tradición continua en este lugar". Una experimentada mesera, vierte a un vaso de vidrio el brebaje color oscuro, la cafetera de aluminio desprende el agradable aroma. Se agrega, a lo mucho, un cuarto del vaso y el resto debe ser rellenado con leche hirviendo, que en un prodigio de habilidad familiar servirá en un chorro delgado. Empieza por la boca del vaso para ir subiendo hasta superar la regular estatura de la empleada, y hasta donde le dé el brazo, todo para producir una espuma ligera. Mostrar la destreza en esta práctica aprendida después de múltiples repeticiones e intentos hace de esta actividad un conjunto acciones simbólicas implícitas en un oficio. [22]

---

[22] Uribe Fernández, Mary Luz. La vida cotidiana como espacio de construcción social. Venezuela: Procesos Históricos, 2014. La vida cotidiana también se concibe a través de sistemas simbólicos, cuyos efectos en nuestro comportamiento no son directos, porque depende de la concepción que cada ser humano tenga de la sociedad. P.104X

3.3 Entrevista: Las cafeterías y la comunidad china

Esmeralda Castellanos, egresada de la licenciatura en Ciencias de la Comunicación, tuvo la fortuna de entrevistar a don Gilberto Parra Espino, empresario inmerso en el negocio del café desde hace más de veinticinco años, quien accedió a dar una entrevista, el Café Veracruzano fue el lugar adecuado para llevar a cabo esta entrevista, pues, aunque el negocio no se encuentra ubicado en el centro histórico, si forma parte de los establecimientos seleccionados como espacios de interacción juarense.

Después de algunas preguntas sobre el arribo a esta frontera, los primeros propietarios del establecimiento y las transformaciones que se han realizado por espacio de más de veinte años, se aborda el tema sobre los cafés de chinos, campo donde el entrevistado comparte valiosa información. Los puertos de México: Veracruz, Tampico, Acapulco, Manzanillo, Mazatlán, Guaymas, y algunos otros, fueron espacios receptores de orientales. Estas migraciones se incrementaron durante el tendido ferroviario.

Esmeralda: Y en los cafés de chinos ¿siempre estuvo presente la comida?

Don Gil: Bueno, en un principio el pan de dulce (Bollos, biscochos, empanadas, panqués) ese era el pan de chinos, le agregaban pasas, ajonjolí, coco y mermeladas. Los chinos elaboraban los panqués más esponjosos, las conchas y los bísquets saben a mantequilla.

Esmeralda: ¿Su establecimiento conserva algo de estos antiguos cafés? O bien, con la información que usted mismo nos comparte ¿Ha tenido oportunidad de incluir ciertos elementos de los cafés de chinos en su establecimiento?

Don Gil: La verdad no lo he hecho, aunque sí puedo decirte que el establecimiento mantiene un ambiente de las antiguas fondas y cafeterías en México, sobre todo de Veracruz. En Papantla, Orizaba, Córdoba, Xalapa, Tlacotalpan y otras ciudades del estado utilizan todavía la madera en sus comedores, el grano de café como decoración y el tostador a la vista del cliente.

Esmeralda: ¿Cuál es su opinión sobre los nuevos conceptos en los establecimientos que ofertan la venta de café? ¿En algún momento ha considerado usted la posibilidad de innovar con una sucursal que se adapte a estas nuevas propuestas?

Don Gil: Yo creo que sí, aunque no por el momento, ya en alguna ocasión durante la etapa de crecimiento de este negocio se consideró una propuesta de sucursal, pero te seré sincero, es muy difícil encontrar a los empleados para una propuesta así, porque déjame te explico, el empleado requiere de supervisión, de entrega a lo que hace, buena intención en lo que realiza y por eso es difícil localizar gente así

El ingreso a México de la población china no estuvo exento de xenofobia por parte de los naturales. Así como vemos hoy la crisis de refugiados sirios producto de la guerra, en México hubo revueltas anti chinos, pues se decía que venían a quitar los empleos de los locales y en Estados Unidos definitivamente se les cerraron las puertas.

Eso dio pie en 1922 al acuerdo chino-mexicano. Con los que se quedaron, se dio un intenso mestizaje, no solo en cuanto a casamientos, sino también en los menús. En menos de 20 años se podía comer sopa won-ton, chop suey, arroz frito, costillas agridulces, pollo kung pao, pero también arroz a la mexicana, fideo seco al chipotle, enchiladas verdes o de mole, chilaquiles con huevo o con carne asada. Don Gilberto Parra nos comparte que: "Ya han pasado tres generaciones de chinos en México.

La primera fueron los migrantes adultos, la segunda sus hijos criados en nuestro país y la tercera son mexicanos por nacimiento y en algunos casos con uno de los dos padres originarios de nuestro país." La comida china ya se ha mexicanizado, los sabores picantes han dejado de ser pimientas y jengibre para usar chiles secos y sabores más regionales como la naranja, la jícama, la piña e incluso gelatina y arroz con leche para los postres. La fusión de culturas y la nueva gastronomía debe ser punto de atención para las propuestas de desarrollo económico en la frontera.

Esta información debe ser difundida, deben crearse plataformas que tengan más contenido cultural, contenido histórico. Buscar la inclusión de estudiantes en pequeños proyectos conjuntos, es una estrategia que está funcionando como una respuesta a la apatía y el desconocimiento de estas actividades. En este proyecto se pretende que nuevos estudiantes, nuevos docentes y nuevos proyectos puedan generar acciones encaminadas a la inmersión de los universitarios en el campo profesional.

Bibliografía

Anzola Rojas, Sérbulo. Administración de pequeñas empresas. México: McGraw-Hill, 1998.

Augé, Marc. Los no lugares: Espacios del anonimato. España: Gedisa Editorial, 2000.

Bloch, Marc. Introducción a la historia. Argentina: Fondo de Cultura Económica, 1952.

Burke, Peter. ¿Qué es la historia cultural? España: Polity Press Ltd. 2004.

Fraser, Ronald. La Historia Oral como historia desde abajo. México: AYER 12. 1993.

González Alvarado, Tania E. Problemas en la definición de Microempresas Vol.10 No.31 2005

González, Jorge A. Y todo queda entre familia: Estrategias,

objeto y método para historias de familias. México: Estudios sobre las Culturas Contemporáneas, 1995.

Gonzalbo Aizpuro, Pilar. Introducción a la historia de la vida cotidiana. México: El Colegio de México, 2006.

Heller, Agnes. Historia y vida cotidiana aportación a la sociología socialista. México: Grijalbo, 1985.

Hermoso, Víctor Manuel. La socióloga de la vida cotidiana en Ágnes Heller. Venezuela: Revista de Postgrado FACE-UC. Vol. 8 N°14, 2014.

Hernández Sotelo, Anel. Reseña de "¿Qué es la historia cultural?" de Peter Burke. Colombia: Fronteras de la historia, 2010.

Kotler Philip y Gary Armstrong. Fundamentos de Marketing. México. Pearson Educación. 2008

Lambing, Peggy y Charles Kuehl. Empresarios pequeños y medianos. México: Prentice Hall Hispanoamericana, S.A. 1998

Márquez Pulido, Ulises Bernardino. La sociología de la vida cotidiana en Ágnes Heller: importancia y vigencia para los estudios sociales contemporáneos. España: Papers 2021, article en prensa, 2021.

Martínez de Velasco, Alberto y Abraham Nosnik. Comunicación organizacional práctica. México: Editorial Trillas, 2008.

Münch, Lourdes. Administración de capital humano. México: Editorial Trillas, 2005.

Rivero, Freddy, María Teresa Ávila y Luis Guillermo Quintana. La promoción integral de la microempresa. México: Editorial Popular, 2001. 114

Samuelson, Paul A, William D. Nordhaus, Lourdes Dieck y José de Jesús Salazar. Macroeconomía con aplicaciones a México. México: Mc Graw-Hill. 1998.

Tarres, María Luisa. Observar, escuchar y comprender. México: El Colegio de México, 2013.

Tunal Santiago, Gerardo. El Problema de Clasificación de las Microempresas. Vol. 6, núm. 7. 2003.

Uribe Fernández, Mary Luz. La vida cotidiana como espacio de construcción social. Venezuela: Procesos Históricos, 2014.

Vergara Durán, Ricardo Adrián. Centros históricos: El patrimonio como herramienta del desarrollo social. Colombia: Memorias. Revista Digital de Historia y Arqueología desde el Caribe, 2009.

Parte 4 Café El Bombín. Un lugar como referente de la vida noctámbula

Armando Bolaños-Muñoz

Tecnológico de Monterrey, ITESO

armando14@gmail.com.mx [23]

Ciudad Juárez tiene entre sus atractivos infinidad de lugares que evocan épocas de glamour, diversión y desenfreno. Uno de los máximos establecimientos que se resiste a desaparecer, es el icónico Café Bombín, concurrido bar ubicado en las calles de Francisco Villa y Colón a unos pasos de la céntrica Avenida Juárez. De acuerdo a las fuentes consultadas, este lugar se proyectó y se hizo realidad gracias al impulso imaginario de su primer propietario, quien en una visita a Francia tuvo oportunidad de conocer un establecimiento acogedor, minúsculo y lleno de nostalgia. En ese restaurante se daban cita los poetas y bohemios trasnochados, las parejitas de ocasión y los artistas sin fortuna.

---

[23] Es docente y psicólogo de formación. Cuenta con una Maestría en Psicoterapia Humanista y Educación para la Paz por el Tecnológico de Monterrey. Su afición por la fotografía le ha dado la experiencia para montar galerías y exposiciones de gran calidad desde hace varios años. Actualmente colabora en proyectos académicos y de fotografía en conjunto con el profesor Francisco Javier Luévano.

Imagen 20. "Los fabulosos veinte" Diana Paola Híjar, egresada de la licenciatura en Relaciones Internacionales posa para la cámara con un atuendo de flapper recreando a las mujeres de la década de los veinte. Durante esos años, la frontera experimentó una época de bonanza. (Ciudad Juárez, Chihuahua 2023 Foto: Armando Bolaños).

El pan y los platillos que ahí se preparaban hacían mezcla de riquísimos olores de la gastronomía parisina y se entrelazaban con el inconfundible aroma del café. El negocio poseía un atractivo visual por sus muebles y acabados, el papel tapiz de sus muros contrastaba con el color oscuro natural en las mesas y sillas de madera y metal, los espejos y lámparas con sus luces medianamente encendidas se convertían en escenario propicio para las conversaciones más íntimas y las lívidas caricias cargadas de amor y sexo.

El licor también corría entre los comensales que de cuando en cuando volteaban hacia la puerta para atestiguar el ingreso del sexo débil que, a discreción, se daba cita en el lugar en busca de algún cliente que les compartiera la consabida copilla de coñac a cambio de grata compañía. Vino, mujeres y canto inhibían en la penumbra el actuar masculino plagado de intensas pasiones.

Imagen 21. "Feme Fatale" Cuando se proyectó esta sesión, se visitó el lugar por varios días para estar inmersos con la clientela y el ambiente. También se habló con las modelos sobre la propuesta, las personificaciones

y el atuendo, lográndose una de las mejores fotografías de la galería. (Ciudad Juárez, Chihuahua 2023 Foto: Armando Bolaños).

Las pesadas esferas numeradas que con velocidad se deslizaban sobre la planicie del billar, provocaban inconfundibles sonidos con su peculiar golpeteo. Los vivos colores de las bolas, contrastaban a la perfección con el verde paño de la mesa y la fina caoba de sus esquineros. Todo aquel lugar cautivaba, atraía sobremanera. Las chicas con provocativos atuendos, competían por atención, mientras los parroquianos alcoholizados derrochaban el dinero frente a ellas, preludio a la nocturna diversión, que amenazaba volverse realidad en los deseos de sus embotadas mentes.

La música de megáfono invadía el espacio, el discreto movimiento de hombres maduros, vestidos con trajes en color oscuro y serio, se encontraban a tono con las espesas sombras de los resquicios. Las damas, por el contrario, emitían destellos desde sus collares, anillos y brazaletes, sus vivas sonrisas y sus juveniles pupilas también hacían la parte, otorgando al lugar una viva estampa de Wegener.

4.1 Teoría y práctica aplicada a proyectos

Las posibilidades que otorga una cámara al momento de recrear pasajes a través del tiempo, son de gran valor para el comunicólogo, pues cada imagen estructurada y planeada ex profeso, otorga una carga emotiva hacia el lector. La imagen sintetiza en mucho y refuerza la narrativa. El Café Bombín, guarda en su interior valiosos elementos que transportan al pasado. Cada espacio, cada rincón se convierte en una estampa potencial para engalanar las crónicas fronterizas y la vida noctámbula de los fronterizos.

Este sitio sirvió de escenario para el "Primer Recital en Homenaje al Compositor Álvaro Carrillo" evento organizado por el Grupo Disciplinar: "Gobernanza, Comunicación y Desarrollo Regional" con apoyo de estudiantes de las licenciaturas en Ciencias de la Comunicación y Relaciones Internacionales. Un promedio de veinte universitarios y cinco docentes colaboraron para la realización de este proyecto.

Imagen 22. **"Nocturnal"** La oscuridad se hacía presente y daba por iniciada la actividad en los cabarets y centros de diversión en Ciudad Juárez, "[…] en la noche un perfume de flores evoca, tu aliento embriagante y el dulce besar de tu boca" (Ciudad Juárez, Chihuahua 2023 Foto: Armando Bolaños).

Se iniciaron los preparativos de este recital desde las reuniones con los miembros del Grupo Disciplinar: Gobernanza, Comunicación y Desarrollo Regional, parte de la propuesta consistió en interesar a los estudiantes de la Facultad de Ciencias Políticas y Sociales para que se sumaran al proyecto como una justificación para trazar un eje de participación que pudiera ser de utilidad para el desarrollo de destrezas como la realización de entrevistas, la búsqueda de fuentes bibliográficas y la recreación escénica.

Durante las actividades llevadas a cabo en el centro histórico se reestructuró el grupo disciplinar y se hicieron los ajustes para la propuesta como Cuerpo Académico con el nombre de 'Ciencias Políticas y Sociales" también se registró cada reunión con los docentes directores del proyecto y se invitó a varios maestros de Chihuahua para que se sumaran al proyecto por medio de una narrativa histórica que diera pie a la participación de los estudiantes universitarios.

4.2 Imagen y complejidad

En una ocasión durante la preparación de una exposición fotográfica con temática del desierto de Chihuahua, una persona describió una foto con la frase "esta foto parece una arma contra el tiempo", volteé, la vi y le dije: es cierto, esa frase describe perfecto a la imagen que estamos analizando y así es, en el compositum fotográfico, cada imagen que se realiza a través de una cámara fotográfica, más allá de los detalles técnicos y los tipos de iluminación, se vuelve en sí, una arma contra el tiempo, en donde la fotografía impresa o digital congela un instante del continuum visual, y en ese acto, el fotógrafo registra, expresa o reinterpreta al objeto o sujeto fotografiado.

La seducción de la fotografía. - Hay imágenes que nos seducen, nos llaman la atención, en un libro, en un anuncio, en un paisaje o en momentos de la vida diaria lo podemos experimentar y sea cual sea la imagen y la luz que tengamos enfrente, ya sea natural o artificial, existen momentos que queremos fijar en la memoria de una cámara.

Para Mclver el cerebro es en sí, una especie de cámara, ya que los ojos se conectan al sistema óptico y a las manos, es decir, la cámara fotográfica tiene un mecanismo parecido al de la vista y su conexión con las manos y en ambos casos el resultado puede ser la representación intelectual de una imagen, ya que cuando se utilizan los ojos, cerebro, manos y las habilidades motrices y visuales, también se puede crear una pintura (Mclver, 2014). La fotografía como arte. - Para Santamaría el arte en la fotografía, se manifiesta, si y sólo si, se cumplen dos requisitos: que la imagen se puede evaluar de una manera favorable por su realización y que sea capaz de transmitir un concepto, en el cual el espectador logra captar un mensaje del autor (Santamaría, 2015).

Expresión y registro. -La realización de una fotografía es siempre, una forma de expresión del autor, en la obra fotográfica se expresan: los sueños, la historia del autor, su forma de estar en el mundo y mucho de su esencia esta manifestada en cada imagen, lo podemos ver si nos detenemos a observar las fotografías que nos ofrece. El registro de la realidad es uno de los principales usos que se le da a la fotografía, se capturan imágenes para registrar la realidad de:

eventos sociales, culturales, políticos, educativos, paisajes naturales, para hacer fotoperiodismo y desde luego en actividades científicas, entre otros más. La Fotografía documental captura imágenes de la vida real con la finalidad de documentar eventos de la cultura y sociedad, en cuyo ejercicio se tiene la intención de plasmar la realidad y que la imagen hable por sí misma. Aunque la intención ya está dicha, no existe la fotografía objetiva, ya que el fotógrafo tiene una posición ante el evento a registrar, y quizás en la fotografía documental es donde más imparcialidad puede existir (Mistos, 2023).

Imagen 23. "Una perfecta representación" La escena representa un restaurante en la década de los veinte y es recreada por Diana Paola Híjar Torres, egresada de la licenciatura en Relaciones Internacionales. Su tesis, aborda precisamente la época de prohibición en los Estados Unidos. (Ciudad Juárez, Chihuahua 2023 Foto: Armando Bolaños).

Conclusiones

Este trabajo se ha presentado como una propuesta de docentes del Cuerpo Académico en Consolidación "Ciencias Políticas y Sociales" y se encuentra sumado en colaboración con estudiantes de las licenciaturas en Ciencias de la Comunicación y Relaciones Internacionales en su búsqueda y desarrollo de aptitudes para la investigación de campo y el análisis de información. Se ha retomado el trabajo de varios autores con fines narrativos y explicativos de varios fenómenos histórico-económicos.

Se pretende que los alumnos egresados incursionen en los estudios de investigación regional con el uso y apoyo de disciplinas afines como la Historia, la Economía y el Periodismo. Además, la temática abordada busca ser atractiva para que los internacionalistas y comunicólogos en formación, adquieran las destrezas necesarias en las distintas propuestas de estudio.

Un conjunto de aristas puede convertirse en eje principal para la búsqueda de temáticas que, de alguna manera, ubiquen a la región fronteriza como un enclave multicultural y de características propias. La información vertida en este trabajo, lleva también imbuida la participación de autores que ya han realizado aproximaciones ensayísticas sobre temas regionales. Parte de sus propuestas e investigaciones se encuentran presentes en este documento y están contemplados en el apartado de bibliografía utilizada.

Los estudios culturales, los fenómenos fronterizos y el desarrollo regional pueden ser abordados y comprendidos a partir de estas revisiones bibliográficas, logrando nuevos retos para los universitarios. Las primicias de este trabajo fueron propuestas en el 3er. Coloquio de Estudiantes y Egresados de Licenciatura y Posgrado, y en el Proyecto de Investigación: "Estructura y herramientas cualitativas para la construcción de Proyectos de Investigación"

Créditos fotográficos

Acevedo Sánchez, Diana Lizbeth

Aguilar, Daniela Berenice

Bayona Segura, Griselda

Dávila Ruiz, Juan Eduardo

Ferreiro Romo, Alejandro

Gutiérrez Lerma, Ingrid Vanessa

Híjar Torres, Diana Paola

Lizarde Tavares, Jesús Abraham

Luján Domínguez, Perla Natalia

Morales de la Cruz, Gisel Lizeth

Moreno Melchi, Mía Guadalupe

Pinedo Vélez, Aylin Guadalupe

Ramírez Cedillo, Yazmin Areli

Ramos, Fernanda

Santillanes Rojas, David

Shade Alvarado, Martín Hassan

Valdivia Escobedo, María Lizeth

Vargas Mendias, América

Vargas Flores, Arely Julissa

www.ingramcontent.com/pod-product-compliance
Lightning Source LLC
Chambersburg PA
CBHW071030280326
41935CB00011B/1520